日本が忘れ
韓国が隠したがる
本当は素晴らしかった
韓国の歴史

松木國俊

ハート出版

はじめに

この本の内容を韓国政府が知れば、「要注意人物」として私は入国禁止になるかも知れません。しかし、韓国人の胸に刺さった日本への「恨みのトゲ」を抜き去るには、もはや「過去の真実」をあらいざらい明るみに出す以外に手がありません。たとえそれが韓国政府にとってどれほど「不都合な真実」であっても、それを直視しない限り、韓国人の恨みは晴れず、日韓の間に和解の日は永遠に来ないからです。

「日本は朝鮮を植民地にして収奪した」今では日本人も韓国人も、ほとんどの人がそう信じています。しかし日本はそれほど悪い事をやったのでしょうか。とんでもありません。本当は日本人と朝鮮人はとても仲良くやっていたのです。

実は韓国で反日感情が高まったのは戦後のことでした。そしてその原因を作ったのは戦勝国であるアメリカと、その傀儡《かいらい》とも言える李承晩《イスンマン》大統領でした。

大東亜戦争で欧米の植民地軍を打破した日本の軍隊が「植民地解放軍」として歴史に名を残すことを、戦勝国アメリカは極端に恐れました。そのためアメリカ自身が日本を戦争に追い込んでおきながら、事実を徹底的に歪曲し、戦前・戦中の日本があくまで「残虐な侵略国」であったという戦勝国史観を世界中に広めました。

朝鮮半島では戦後の冷戦体制に備えると共に、日韓が再び結束しないように、極端な反日・反共人士である李承晩を担ぎ出し、大韓民国のトップに据えました。

そのアメリカのバックアップで権力を握った李承晩は、歴史を捻じ曲げて「日本は朝鮮半島を侵略し、朝鮮人を虐待し、収奪の限りをつくした」という歴史観を国民に強制し、自分は救国の英雄であることをアピールして政権の基盤を固めました。

一方日本では、戦後、連合軍最高司令官総司令部（GHQ）が「ウォー・ギルト・インフォメーション・プログラム」に基づき、言論を統制して戦勝国史観で日本人を洗脳しました。日本が二度と再びアメリカの脅威にならないように、日本人の心から自信と誇りを奪い去り、代わりに「贖罪意識」を徹底的に刻み込んだのです。さらにそれを永続させるため、国を守る意思さえ放棄させる「自虐憲法」まで押し付けています。

李承晩政権以来の強烈な反日教育によって「対日被害妄想症」に陥った韓国の人々は、これまで「日本の残虐行為」を次々に創り上げては「真実の歴史を直視せよ」と日本に突き付けてきました。片やGHQに洗脳されて「加害妄想症」となった日本人は、韓国の「創作劇」を疑いもせず受け入れて、安易に謝罪を繰り返して来たのです。このため「なかった」ことが「あったこと」になり、韓国人の恨みはますます増殖しました。慰安婦や徴用工の問題はその典型といえるでしょう。

このような悪循環を断ち切るには、全ての思い込みから自己を解き放ち、余計な「配慮」を排して事実のみを追いかけ、冷静かつ客観的に過去の実態に迫らなければなりません。

二十世紀の前半、弱肉強食の世界の中で、日韓両国民の祖先は民族の壁を乗り越えて互いを尊敬し、打ち解けあい、団結してアジアのために戦いました。

日本統治時代、朝鮮の人々は「虐待された植民地の民」どころか、日本人と融和し力強く前向きに生きていました。今日の韓国の発展の礎を築いたのは正しく彼らなのです。

このような過去の真実を具体的に白日の下に晒すことで、両国民は戦後植え付けられた「自虐史観」から目覚め、それぞれの父祖へ感謝し、自民族の歴史に自信と誇りを持つことができるに違いありません。その時こそ日韓両国の間に真の和解が訪れるでしょう。そのために本書が少しでもお役に立てれば幸いに存じる次第です。

松木　國俊

目次

第十一章　特攻隊で散った朝鮮の若者たち

第十二章　「慰安婦」「徴用工」強制連行はなかった

第十三章　「日本軍人精神」で戦い抜いた朝鮮戦争

第十四章　李承晩が捻じ曲げた韓国の歴史

第一章　近代化を阻んだ閔妃と高宗

福沢諭吉と金玉均

李朝末期、朝鮮に偉大な愛国者が現れました。その名を金玉均《キムオクギュン》と言います。忠清南道公州《チュンチョンナムドコンジュ》の両班《ヤンバン》（貴族）の出身で、科挙試験に首席で合格した優秀な人物でした。彼は一八八二年二十九歳の時に日本を訪問し福沢諭吉の指導を求めました。当時李朝政府は閔妃《ミンビ》（国王である高宗《ゴジョン》の妃）一族が牛耳っており、朝鮮は清国の完全な属国に堕ちていました。これを憂いた開化党[1]の主力メンバー金玉均は、日本の明治維新にならって朝鮮の独立と近代化を達成しようと考えたのです。

一方、そのころの日本はまだ独力で欧米の侵略を防ぐだけの国力はなく、福沢諭吉は何としても隣国の朝鮮が近代的独立国家となり、日本と結んで欧米に対抗する態勢を築かねばならないと考えていました。このため金玉均を喜んで受け入れ、以後できる限りの援助をすることになります[2]。

金玉均は外務卿の井上毅《こわし》や後に朝鮮駐在公使となる竹添進一郎、政財界の雄である渋沢栄一などとも知り合い「日本が東洋のイギリスなら朝鮮は東洋のフランスだ」という金玉均の持論に誰もが賛同し、彼らは朝鮮政府の大改革について話し合いました。当時の明治政府自体はまだ清国と事を構えるだけの覚悟がなく、金玉均に十分な支援の約束をすることはできませんでしたが、彼は必ず日本が助けてくれるとの信念をもって五カ月後に帰国しました。

金玉均

（注1）開化党は明治維新などの影響を受けて朝鮮宮廷内の青年貴族官僚（両班）を中心に形成され、日本と結んで朝鮮の清からの自主独立と近代化を目指した。

（注2）福沢諭吉は朝鮮近代化への支援を惜しまず、一八八一年に朝鮮で初めての海外留学生を受け入れたのも慶應義塾である。

日本の支援を失って失敗した「甲申政変」

金玉均は一八八三年に借款交渉団の一員として再度訪日しましたが、一八八四年に帰国してみると開化党は政権の中枢から駆逐されており、近代化どころか閔一族が清国の威を借りてますます権勢をふるい、閔妃は贅沢三昧の生活で人民を苦しめていました。

ところがこの年にベトナムをめぐって清国がフランスと戦端を開き、朝鮮に駐留していた三千名の清国兵のうち千五百名をベトナムに送ったために、清国軍の勢力が半減したのです。

開化党はこの機会に政権を奪取すべく、朝鮮駐在公使となった竹添進一郎を通して日本政府と連絡をとり、実行計画を立案しました。ほぼその内容が固まった時点で竹添公使は甲乙両案を併記し、本国政府の最終許可を仰ぎました。竹添公使としては武力行使を容認する甲案で決まると思っていましたが、許可されたのは清国と協議し、開化党を抑制するとの乙案でした。しかし、この政府回答が到着する前に、日本政府の約束を取り付けたと信じた開化党は、十二月四日に蹶起《けっき》してクーデターを起こし六大臣を殺害しました。いわゆる甲申政変です。これを知った竹添公使は公使館警備の一個中隊と共に、国王である高宗の要請を受けた形で高宗を慶祐宮に移し、警備に当たりました。

翌五日には開化党が国王を担いで閔妃一派から政権を奪取し、高宗の父親で閔妃と対立していた大院君派の人々と共に連立内閣を組閣しました。

新内閣は、一．清国への朝貢の礼を廃止する。二．門閥を廃止、人民平等に人材を登用する。三．地租法を改正し、奸吏を排し国費を十分にすることなど、十四項目の改革案を発表しました。

この意欲的改革が実際に実行されていれば、韓国の近代史は大きく変わっていたに違いありません。しかしながら、ことは結局うまく運びませんでした。閔妃の救援要請を受けた清国が反撃してきたのです。清国はフランスに敗れてベトナムを失い、さらに朝鮮まで日本式の維新を成し遂げて独立するという事態は絶対に避けたかったのです。

この情勢の変化を見て取った竹添公使は、本国の訓令に従って急遽撤退を指示しました。そのため開化党側は総崩れとなり、金玉均は日本軍と共に日本に亡命。その後も閔妃は追及の手を緩めず、日本に対して、金玉均の身柄引き渡しを要求し、一方で朝鮮に残った事件関係者を一網打尽にしてその妻のみならず、親や子供まで惨殺しました。

これは福沢諭吉にとって大きな衝撃でした。彼が『脱亜論』[3]を発表したのはこの翌年一八八五年三月十六日のことです。

（注3）『脱亜論』は「朝鮮国内の改革派を直接支援して、彼らに近代化革命を実行させる」という政策の破

綻を宣言したものである。「日韓断交」を主張したものではなく、「隣国として特別扱いせず、これ以上深入りするのはやめよう」というのがその趣旨である。

閔妃に暗殺された金玉均

その後金玉均とその家族はどうなったでしょう。彼は日本に亡命してもいつ閔妃から刺客が送られてくるかも知れず、安閑としていられません。日本の多くの有志が彼を支援しましたが、結局十年も日本国内を転々とする悲惨な生活を送りました。そしてついに一八九四年に彼は騙されて上海に連れ出され、三月二十八日に刺客の洪鐘宇《ホンジョング》に暗殺されてしまいました。彼の死体は朝鮮政府が持ち帰り、胴体は川に捨てられ、首は京畿道竹山《キョンギドチュクサン》、片手片足は慶尚道《キョンサンド》、他の手足は咸鏡道《ハムギョンド》に晒されました。さらに彼の妻子は奴隷として売り飛ばされたのです（後に妻子は日本軍によって保護されましたが、見るも無残な姿だったそうです）。

金玉均が暗殺された直後の一八九四年七月に日清戦争が勃発しました。この間、力を蓄えてきた日本は、「朝鮮を独立させるためには清国との戦争は避けられない」と、ようやく覚悟を決めたのでした。

ここにきて一般の人々も金玉均の志がやっと分かりました。彼の願い通り朝鮮が自ら清国の軛《くびき》を脱し、確固たる独立国になって近代化に邁進していれば、この戦争も必要なかったのです。

福沢諭吉は金玉均の死を悼み、供養のために、東京文京区真浄寺の住職寺田福寿に「古筠院釈温香」という法名を付けてもらい、自宅で法要を行いました。

閔妃が潰した親日派・金弘集の「甲午改革」

金玉均の近代化の遺志を継いだ親日の改革派が、一八四二年慶尚道で生まれた金弘集《キムホンジプ》です。彼は一八八〇年に朝鮮修信使[4]として日本を訪れ、急速に発展している日本の姿を目の当たりにして朝鮮の近代化の必要を痛感しました。金玉均と同じように福沢諭吉の影響も強く受けています。彼は李朝政府において主に外交面で活躍しましたが、日清戦争が始まってまもなく朝鮮南部から清国軍が撤退した時点で、日本のバックアップを得て首相となり、朝鮮の近代化に取り組みました。この時、彼が行った改革を「甲午改革」と言います。

金弘集

その内容は「科挙制度の廃止と官吏任用法を採用（両班・常民の階級差別を行わず、あまねく人材を登用）」「裁判所と警察制度の新設」「貨幣制度改革」「身分制度廃止[5]」「人身売買禁止」「寡婦の再婚承認」「罪人の連座法廃止」など古代国家から近代国家へ脱皮するために必要なものばかりでした。日本にならって一日も早く朝鮮の近代化を達成しようとした金弘集の熱意と努力は高く評価されるべきでしょう。

ところが予想外のことが起こりました。日清戦争の結果、日本の領土となった遼東半島をロシア・ドイツ・フランスの三国が清国に返せと干渉してきたのです（三国干渉）。日本にはこの三国を相手に戦う力などないため、泣く泣くこれを手放しました。

金弘集の近代化改革によって王権が制限されることを恐れていた閔妃は、これを見て「日本弱し」と狂喜し、三国干渉の首謀者であるロシアにすり寄って巻き返しを図りました。彼女はロシア公使ウェーベルと謀《はか》って政府の改革をさんざん妨害し、一八九五年半ば、ついに金弘集は失脚しました。

これで日本を手本として近代化を達成するはずだった「甲午改革」は、何ら成果を上げぬまま頓挫することになりました。甲申政変の場合と同様、閔妃が権力を維持するために日本と対立する大国と結託し、自国の近代化への芽を摘んでしまったのです。

このとき日本にロシアの干渉を撥《は》ね返すだけの力があれば、金弘集が全権を掌握して近代化に邁進できたでしょう。朝鮮の保護国化はともかく、日韓併合までは必要なかったかも知れません。

（注4）朝鮮修信使とは明治初期に朝鮮から日本に派遣された外交使節。一八七六年から一八八三年まで四度派遣されている。

（注5）李氏朝鮮ではインドのカーストにも匹敵する厳しい身分制度が敷かれており、上から順に王族、両班（貴族）、中人（高級技術官僚）、常民（大部分が農民）、賤民（奴婢などの奴隷階級）に別れていた。京城帝国大学の四方博教授の研究によれば、一八五八年の朝鮮の人口の内、両班が約五〇％、賤民が約三〇％を占めている。

閔妃暗殺

その後、閔妃と高宗はますますロシアに頼るようになり、ロシアは朝鮮の新しい宗主国のように振舞いはじめました。朝鮮に対するロシアの影響が急速に強まることに日本政府は焦りを感じていましたが、朝鮮国内でも閔妃の専横に対する反発は次第に大きくなりました。李周會《イジュフェ》将軍（元軍部次官）や訓練隊[6]の隊長・李斗璜《イトゥファン》および動員責任者の禹範善《ウボムソン》など、憂国の志士も多く現れてきました。

そこへロシア公使ウェーベルが閔妃を使って訓練隊の解散を画策し、さらに反閔妃派に対する弾圧が開始されそうな状況となったため、李斗璜らは閔妃と対立している大院君を押し立てて「閔妃排除」の行動を起こすことを決意し、三浦梧楼《ごろう》公使に相談しました。三浦公使はこれに応じて「首謀者は大院君、実行部隊は朝鮮の訓練隊」というシナリオを描きましたが、朝鮮側だけではとても実行できないと思われたため、日本の民間有志も続々加わりました。

そして一八八五年十月、大院君の号令で訓練隊を中心に数十人の刺客団が王宮に送り込まれ、閔妃は暗殺されました（乙未事変）。閔妃殺害の報に接した漢城《ハンソン》（のちに京城《キョンソン》、現在のソウル）

市民は万歳を叫んで歓喜したそうです[7]。

ではこの時、閔妃を殺害したのは誰でしょう。現場にいた純宗《スンジョン》（高宗の子）は「朕が目撃せし国母の仇は禹範善なり」と証言しており、禹範善自身もこれを認めています。閔妃暗殺に大院君が深く関係していたことも事実であり、韓国が主張する「日本公使が日本軍と日本人のごろつきを動員して殺害した」という歴史観には全く根拠がなく、真相ははっきりしていません。

しかし誰がやったにせよ、閔妃がそのまま実権を持っていれば、閔妃一派による専横政治に人々は苦しみ続けたはずです。「では何も起こらなかった方がよかったのか」と問えば、心ある韓国人なら答えに窮するに違いありません。

（注6）訓練隊＝日本の指導下で創設された宮廷警備を主任務とする近代的軍隊
（注7）『親日派のための弁明2』金完燮（扶桑社）

自ら全責任を負って処刑された李周會将軍

閔妃を暗殺した刺客の中に日本人が含まれていたために、国際社会は日本政府自体が暗殺に関与したのではないかと疑惑の目を向けました。驚いた日本政府は三浦公使を始め関係者を広島地裁で裁判にかけましたが、それを知った李周會将軍は悩みました。彼はかつて国王に対し「閔妃と奸臣を宮廷から遠ざけるしか国家の滅亡を救う道はない。それができなければ自分の首を切って貰いたい」と死をもって諫言したことがあります。しかし、その時は聞き入れられず、彼は追放されてしまいました。三浦公使以下の日本の同志が獄に繋がれてしまったことを知った彼は「日本が我が国のために尽くしてくれたことは数えきれない。このたび公使以下多数の志士が拘留せられた。朝鮮人として見るに忍びない」として閔妃暗殺の全責任を負い、自分が閔妃を殺害したと供述し、他の二人（尹錫禹《ユンソクウ》、朴銑《パクソン》）と共に処刑されました。これで日本人は全て無罪となりましたが、三浦梧楼は李周會将軍の死を知り痛哭したといいます。

（『日韓2000年の真実』名越二荒之助《なごしふたらのすけ》編著より）

高宗が命じた金弘集捕殺

閔妃暗殺後、金弘集が再び首相に復権し、頓挫した甲午改革を再開しようとしました。ところがロシア側は高宗に対して「大院君次は高宗を狙っている」と脅しをかけ、高宗をロシア公使館内に取り込んでしまいました（露館播遷《ろかんはんせん》）。ロシアは朝鮮での利権を握るために高宗に権力を集中させ、これを傀儡化することを狙っていたのです。そのためには日本の支援を得て近代化を進めている金弘集政権を潰さなければなりません。ロシアの操り人形となった高宗は、さっそく大院君を隠居に追い込み、金弘集ら五大臣に対しては、なんと「大逆」の烙印を押してその捕殺命令を出したのです。

急を聞いて日本軍がかけつけ、金弘集首相に避難するように勧めましたが、「自分はいやしくも朝鮮国の総理大臣である。朝鮮人のために殺されるのもまた天命である。他国人に救われるのは自分の面目ではない」として、これを断りました。そしてついに街頭で虐殺され、その遺体は市中を引き回され、ズタズタにされて晒し首になったのです。

第二章　日韓併合を推進した朝鮮の人々

日露戦争に協力した一進会

一八九七年、ロシア公使館を出た高宗は国号を「大韓帝国」（以下、韓国とする）と改称し、自ら皇帝となって国内の改革派を徹底的に弾圧し、専制政治をさらに強化しました。一方で高宗は朝鮮の利権を次々にロシアに売り渡し、釜山《プサン》に近い馬山《マサン》にはロシア海軍の基地が建設されました[8]。これでは日本の脇腹に刃物を突き付けられたようなものです。

「満洲は全てロシアに任せるから、せめて朝鮮だけには手を付けないで欲しい」と日本は誠意を尽くしてロシアと交渉しましたが、彼らは全く聞く耳を持ちません。軍事力を信奉する国に「誠意」など通じないのは今も昔も同じです。

しかし、明治政府は今の弱腰の日本政府とは違いました。無法国家には毅然と対応し、国民も国を守るために一致団結しました。周到な準備と緻密な計算のもとに祖国防衛に立ち上がり、日本はロシア相手に連戦連勝したのです。

そしてその陰には、日本の戦いに協力してくれた朝鮮の人々がいました。李容九《イヨング》を中心とする一進会の人々です。

日露戦争開戦時、韓国政府自体は中立を宣言していました。李朝五百年に染みついた小中華思想から日本は東夷の野蛮国と見なされており、朝野《ちょうや》にわたってロシアの勝利を予測。韓国中が親露恐露の雰囲気に覆われていました。

しかし物資の運搬一つとっても、韓国民の協力が無ければ、日本はとても日露戦争を戦うことはできません。その中でかつて李朝に抵抗した東学党の流れを汲む一進会は、韓国存亡の危機を打開するには日本と協調する以外にないと考え、その綱領の中に「日本軍への積極協力」を謳《うた》っていました。李容九はじめ一進会の人々は日露戦争を単なる日露の争いとは見ずに「ロシアに代表される西欧が、アジアを侵略する最後の決戦」と判断し、日韓の軍事同盟によってロシアの東漸《とうぜん》を防いで韓国の生存を図ろうと考えていたのです。

李容九

一進会は一般人や諸団体から、日本の手先、売国奴と悪罵を浴びながらも、涙ぐましいばかりの協力をしてくれました。漢城から新義州《シニジュ》までを結ぶ満洲へ進撃するための鉄道建設工事や道路工事の使役に応じた会員は、合計二十六万数千人に達しています。日当の一日一円に対して日本軍から払われたのは三十銭に過ぎず、交通費や負傷者への見舞金、殉職者の弔慰金は全て一進会が負担したため、その財政は極度に窮迫しました。それでも弾薬や糧秣の搬送、敵情視察まで引き受けて日本軍の勝利のために頑張ってくれたのです。一進会会員の献身がなければ、日露戦争での日本の勝利はなく、朝鮮もロシアの植民地となっていたかも知れません。彼らへの感謝の気持ちを私たちは忘れてはならないでしょう。

（注8）『アメリカが隠しておきたい日本の歴史』マックス・フォン・シュラー（ハート出版）

権力にしがみついた高宗

日露の戦いは日本側優勢で進みましたが、たとえロシアに勝ったとしても、韓国が再びロシアと手を握ってしまえば、どうにもなりません。そこで韓国の近代化を日本が積極的に支援することを高宗に申し入れ、一進会の後押しもあって、一九〇四年八月に日韓間で第一次日韓協約を締結しました。これにより日本から韓国へ外交顧問と財政顧問を派遣することが決まり、「外交案件については日本政府と協議し処理する」ことになりました。

その際、外交顧問は列強にも配慮してアメリカ人のスチーブンスに委嘱しています。また財政顧問には大蔵省主税局長の目賀田種太郎《めがたたねたろう》が就任しました。

それまで韓国では宮廷費と国家財政の区別がなく、宮廷が国費をどんどん食いつぶしていたのです。そこで目賀田顧問は、宮廷費を多めにとった上で宮廷費と国家財政を切り離し、韓国財政の改善に大きく貢献しました。

高宗

ところが高宗はこのように日本と合意しながら、結局この戦争はロシアが勝つと踏んで、一九〇五年二月にロシアに密使を送り、第一次日韓協約の不当性を訴えました。自分の権力が制限されるのを嫌がったのです。ロシアもさすがに相手にしませんでしたが、高宗の裏切りはやがて日本側に伝わり、日本が必死で戦っている相手と裏で手を握ろうとした高宗の行為に日本政府も国民も激怒しました。

日露戦争は世界中の予想を覆して日本が勝利を収めましたが、国際信義を全く守らない高宗が実権を持つ韓国は、いつまたロシアの傘下となり、日本に脅威を及ぼすかも知れません。日本が韓国の外交権を直接掌握しておきたいと考えたのは無理もないでしょう。こうして日本は一九〇五年十一月に韓国との間で第二次日韓協約を締結することになります。

この協約締結により、日本は韓国を実質的保護国として外交権を握ると共に、同国の近代化に責任を持つこととなり、京城に統監府がおかれ、伊藤博文が初代統監となりました。この第二次日韓協約締結に当たっても、一進会は進んで協力しています。当時は低開発国家を先進国家が保護国として指導・援助することは世界の常識だったのです。

ところが、またまた高宗が日本を裏切りました。日本の保護国となって皇帝の専制的権力が失われることに我慢ができなかったのです。彼は一九〇七年、ハーグで開催された万国平和会議に密使を送り、日韓協約は不当だと各国代表に訴えようとしました（ハーグ密使事件）。物凄い執念です。密使は皇帝の委任状を見せて会議への出席を求めましたが、各国とも日本の立場を理解しており、相手にはされませんでした。しかしこれで、またしても日本は煮え湯をのまされ、何度も国際信義を踏みにじる高宗に対し、さすがに韓国政府の閣僚も怒りを抑えることはできませんでした。

高宗を退位させた親日派の宋秉畯

一八五七年、咸鏡南道に生まれた宋秉畯《ソンビョンジュン》は、金玉均の開化思想に影響された大の親日家でした。一進会の主要メンバーの一人でもあり、ハーグ密使事件発生時には農商工部大臣を務めていました。この時彼は、御前会議で勇気を奮って高宗に詰め寄り、高宗のこれまでの誤りを次の通り指摘しています。

「伊藤統監は決して韓国を奪おうとしているのではない。伊藤公は日本の国政に参画すること四十年。未開の日本をして強国の列に加えた。彼の欲心といえば、貧弱な我が国を扶《たす》けて日本のようにしたい名誉心があるだけである。それに対して陛下は日本との善隣を破るために一億からの金を費やされた（ハーグへの密使派遣費用をさす）。この巨額の費用は陛下が稼がれたのではなく、人民の血肉であった。……これまで陛下が日本の信義に背かれた事十三回。事実が暴露されれば必ず知らずといい、罪を重臣に転嫁し、重臣を殺されたこと数知れず、人を殺すこと草を刈るがごときであった。……今や新聞事件（英人トマス・ベッセルが発行する『大韓毎日申報』に日本を誹謗する親翰《しんかん》を掲載）などを合わせて十五回の背義に及ぶ。ただ伊藤公が寛容の心をもって陛下の悔悟を待つ態度をとっているに過ぎない。今回は既に問題が重大化し、日本政府も強硬なる決心をもって臨んでいる。もし統監が陛下に罪を問うた時、責任を免れることができるかどうか」

このように切々と直言したのです。

皇帝の「どうすればよいか」という問に対しては「一つは日本に行幸して親しく天皇陛下にお詫びするか、さもなくば日本との開戦しかない」と答えました。皇帝は激怒して奥へ引き込みましたが、宋は閣僚に対し「今度の事件も内閣の責任ではない。全て陛下が招かれた災いではないか。退位して謝罪してもらう以外にない。陛下と国家とどちらが重要か」と迫りました。

その後に開かれた御前会議には、陛下が譲位を受け入れなければ、一死あるのみとして、彼をはじめ何人かの閣僚が拳銃を用意して臨みました。しかし各大臣が譲位を勧めても「譲位するくらいなら死んだ方がまし」と高宗は粘ります。

そこで宋は進み出てこう声を張り上げました。

「それではお願いだが死んで頂きたい。陛下が死なれれば国と王室は生きるであろう。もし陛下が死ななければ、我々が死ぬのみである。しかし我々が死んでも、国に何の益にもならない。しかし陛下が死なれれば国家社会は救われる。どうぞ死んで頂きたい」[9]

これでついに高宗は第二子の坧《チョク》（純宗）に皇位を譲ることになったのです。一九〇七年七月のことでした。皇帝をここまで追い込んだ宋秉畯の凄まじい気迫はどこからきたのでしょう。

彼は金玉均の薫陶《くんとう》を受け、十年にわたって日本各地を回っており、妻は日本人です。日本や世界の状況を熟知しており、腐敗しきった宮廷が支配する古代国家体制から脱皮できないまま、国民ばかりが呻吟《しんぎん》するこの国を立て直すには、日本と協調するしか道はないという確固たる信念を持っていたのです。

今では、宋秉畯をはじめこの会議に参加した閣僚（李完用《イワニョン》、高永喜《コヨンヒ》、李秉武《イビョンム》、李載崐《イジェコン》、任《イム》善準《サンジュン》、趙重應《チョジュンウン》）は高宗に退位を強要した「極悪売国奴」であると韓国の人々は最大の軽蔑を込めて非難しています。しかし、もし皇帝がそのままその地位に留まっていれば、近代化どころか朝鮮半島は大混乱に陥ったでしょう。命を張ってまで高宗を譲位させた彼らは、むしろ救国の英雄だったのではないでしょうか。

（注9）『日韓2000年の真実』名越二荒之助編著（国際企画）

合邦を請願した李容九

第二次日韓協約が実行に移され、さらに高宗が退位しても、韓国の近代化は遅々として進みませんでした。政府高官の間では相変わらず汚職や賄賂《わいろ》が横行し、人民は飢えに苦しんでいました。

李氏朝鮮における倫理観は儒教思想に基づいていますが、日本の場合と違って「忠」より「孝」が、はるかに大切にされます。国家や民族への「忠節」よりも「親孝行」や「一族の祖先を敬う心」が圧倒的に優先されるのです。従ってそのような社会では「公《おおやけ》」という概念が抜け落ち、家族や一族の利益こそが至上の価値として追求されることになります。しかし国民に「公」の概念がなく、自分たちの利益ばかりを追いかけていては、近代社会に移行できるはずがありません。

一進会の会員をはじめ、世界の大局を理解し、日本の事情を知る「親日派」の人々は、儒教思想でがんじがらめになった朝鮮社会そのものを根本的に改革しなければ近代化は達成できないと確信するようになりました。

そこで一進会の人々は、日本と一体化することが民族を救い、近代化を成し遂げる道であると朝鮮の人々に説き、リーダーの李容九は一九〇九年に一進会百万人会員の名義で全国民に訴える合邦声明書を発表しました。続いて彼は韓国皇帝に対する上奏文、曾禰荒助《そねあらすけ》統監、李完用首相に対して「日韓合邦」の請願書を提出しています（ちなみに曾禰荒助統監は最後まで日韓併合に反対でした）。

また李容九の盟友でもあった宋秉畯は「連邦制」を意味する「合邦」からさらに進んで「韓国皇帝の権限の全てを日本国天皇陛下に移譲する完全一体化」を主張しました。

「日韓併合」に大反対だった伊藤博文

これに対し、初代統監であった伊藤博文は大反対でした。彼は日韓併合を主張する者に対し「数千年の歴史と文明を持つ韓国民に対し、併合するなどという暴論に支配されてはいけない」と諫《いさ》めていたのです。彼は日本による保護も一時的なものと考えており、第二次日韓協約を結んだ時点で次のように語っています。

「韓国の進歩は大いに日本の望むところであって、韓国はその国力を発展せしむるにあたって自由の行動をしてよろしいけれども、ただ、ここにただ一つの条件がある。すなわち韓国は日本と提携すべしということ、これである。日章旗と太極旗が並び立てば日本は満足である。日本は何を苦しんで韓国を滅ぼすであろうか。自分は実に日韓の親睦を厚くするについては、自分の赤誠（真心）を貢献しようとしている。しかも日清・日露の両大戦役の間、韓国はいったい何を為したか。陰謀の他に何を為したか。戦争中は傍観しただけではないか。諸君は日本がにわかに来たって、韓国を亡《ほろ》ぼすならんと思うのは果たして何にもとづくものであるか聞きたいものである。日本は韓国の陰謀を杜絶《とぜつ》するために韓国の外交権を譲れというた。だが日本は韓国を合邦する必要はない。合邦ははなはだやっかいである。韓国は自治を要する。しかも日本の指導監督がなければ、健全な自治は遂げ難い。これが今回の新協約を結んだ所以である」

このように伊藤博文としては「健全な自治ができるようなれば独立せよ。それまでは日本が指導する」という気持ちだったのです。

本当は「親日」だった安重根

ところが、これほど併合に反対だった伊藤博文が暗殺されてしまいました。一九〇九年ハルピン駅頭で安重根《アンジュングン》が放った凶弾に倒れたのです。この事件が起こる前までは、伊藤のみならず、日本の多くの官僚が「韓国を併合すれば日本に財政的負担がかかり過ぎる」として併合に反対でした。しかし伊藤の暗殺で「これ以上の朝鮮半島の治安の悪化は日本の存立にかかわる」という意見が大勢をしめるに至り、一挙に併合へと流れが変わりました。

安重根の日韓併合を阻止しようとした行為が、逆にそれを促進してしまったのです。

安重根の行為は明らかなテロ行為であり、法治国家では許されざる犯罪です。但し、彼は日本国そのものに恨みを抱いてはいなかったようです。それどころか彼は日露戦争の意義をも、しっかりつかんでいました。逮捕され死刑を覚悟しながら獄中で書いた『東洋平和論』では、次のように述べています。

「日本国天皇の宣戦書には、東洋平和を維持し大韓独立を強固にすると書かれていた。このような大義は晴天白日の光線よりも勝っており、韓・清の人々は智愚を論ずることなく、みな心を同じくして、賛同し服従したのである。……快なるかな、壮なるかな、数百年来、悪を行い続けてきた白人種の先鋒が、鼓を一打しただけで大破してしまったのである。（日露戦争の勝利は）千古に稀な事業として万国で記念すべき功績であった。だからこの時、韓・清の有志は、はからずも同じように、自分たちが勝ったように喜んだ」

ここまで世界情勢に対する慧眼《けいがん》がありながら、裁判で彼が主張した伊藤の罪状は「閔妃暗殺は伊藤の指揮によるものだ」「高宗を無理やり退位させた（実際に退位を迫ったのは宋秉畯をはじめとする閣僚でした）」「現天皇の御父君に当たられるお方（孝明天皇）を殺害した」など、そのほとんどが彼の思い込みだったのです。彼には「天皇陛下に忠義を尽くす」という気持ちが、その根本にありました。伊藤博文という人物に対する誤った評価から、一人の愛国青年が凶行に走ったことが惜しまれてなりません。

併合を決意した李完用

李完用は一八五八年、京畿道廣州《クァンジュ》郡の貧しい学者の家に生まれました。幼い頃から聡明だった彼は、一八八二年に科挙試験に合格して官吏の道を歩み、一八八六年には官立貴族学校である育英公院に入学して英語と歴史地理などの学問を身に付けました。朝鮮の政治家としてのプライドも高く、終生日本語を話さず、日本人と話すときは英語を使ったそうです。その高邁な学識と人柄で、朝鮮や日本の政治家のみならず、一般国民からも大いに尊敬を受けていました。

彼は従来、自主独立路線を主張していましたが、首相となってからは日本との併合を進めました。それは無能な朝鮮王室が最後まで拒否してきた近代化を、日本の力を借りて成し遂げるためであり、どこまでも韓国を愛するが故でした。

「日韓合併に関する条約」は一九一〇年八月十八日に内閣にかけられ、二十一日に李完用首相が皇帝に内奏し、翌八月二十二日に皇族代表や元老院代表が集まって御前会議が開かれました。ここで病欠した李容植《イヨンシク》を除く全員が賛成し、本条約を締結し日韓併合を行う意思が最終決定したのです。

李完用は今の韓国では「国を売り渡した極悪人」とされていますが、世界の情勢を見るならば、日本と併合することが国を救う唯一の道でした。もしここで併合が実現しなければ、朝鮮の近代化は達成できません。欧米の植民地にならないためにも、日本との併合は避けられませんでした。朝鮮半島の統治者を、頑迷で時代遅れの李氏朝鮮から、外国である日本へ転換することは、自ら悪役を引き受けることにもなります。儒教の教えに固執し、王朝を維持して旧来の伝統文化を守ることが「善」であると信じる無知蒙昧《むちもうまい》な輩《やから》に虐殺されることも覚悟していたのでしょう。自らの身を省みず、敢えて悪役となっても国のために正しい決断を貫いた李完用は、究極の愛国者だったのです。

李完用

日韓併合を支持した親日派の言葉

日韓併合に関する、朝鮮の有力な政治家や外交官の言葉を紹介します。

■李《イ》成玉《ソンオク》（朝鮮時代に全権大使としてアメリカに赴任）著書『李完用候の心事と日韓和合』より

「現在の朝鮮の力量をもってすれば、とても独立国家としての対面を保つことはできない。亡国は必至である。亡国を救う道は併合しかない。そして併合相手は日本しかない。欧米人は朝鮮人を犬か豚のように思っているが、日本は違う。日本は日本流の道徳を振り回してうるさく小言をいうのは気に入らないが、これは朝鮮人を同類視しているからである。そして日本は朝鮮人を導き、世界人類の文明に参加させてくれる唯一の適任者である。それ以外に我が朝鮮民族が豚の境遇から脱して、人間としての幸福を得られる道はない」[10]

■朴《パク》栄喆《ヨンチョル》（日本の陸軍士官学校十五期、江原道・咸鏡北道知事）著書『五十年の回顧』より

「思うに韓国自体が独立の要素を欠き、独力独行することができなかったためであって、古今を問わず韓国国民全体が無気無力為す事なかりしの致すところであって、まことに自ら招ける禍であると云わねばならぬ。日露戦争後、日本は前例に鑑み（日清戦争後の処理を指す）韓国の保護啓発に努力したるも韓国の上下は少しも日本の誠意を理解せず陰謀を策し、詭謀を企て陰に陽に敵対行為をとったので、日本は終《つい》に止むを得ず最後の手段として日韓併合を断行するに至った……今日あるは自業自得であると云わねばならぬ」[11]

（注10）（注11）『日韓2000年の真実』名越二荒之助編著（国際企画）

一進会と李容九の悲劇

こうして日韓併合は達成されましたが、直後の九月十二日に各種政治結社は一進会も含め、全て解散を命じられました。一進会が解散させられたことで、彼らの長年の夢であった政治参画への道も閉ざされました。この時、解散費として一進会には十五万円、大韓協会には六万円が支給されています。反日的で会員数数千人に過ぎない大韓協会に比べ、会員百万人を擁し、日韓併合に粉骨砕身した一進会に対する扱いは、あまりにも厳しいものがありました。

政治参加もさることながら、一進会として一九〇八年に調査員を派遣して間島《かんとう》（豆満江《とうまんこう》の対岸に広がる地域）への入植計画を立案した時、三百万円の見積もりに対し、桂太郎は大賛意を示し、「三百万円はおろか一千万円でも出す」と言いました。しかし、結局これも日露戦争後の財政難もあって顧みられることはありませんでした。

李容九は「自分の不明のために、志と異なる結果を招いてしまった……家に帰れば部下から、これが一進会が命をかけてやったことなのかと叱責される。反対党からは売国の賊とののしられ……」と語り、失意のうちに一九一二年に没しています。

客観的に見れば、併合時点では李容九が考えていた「対等合邦」が実現できる環境にはありませんでした。古代国家のシステムを他国の支援によって近代化しようとするとき、当初から対等な関係を求めるのは無理があります。

それにしても李容九の純粋さと熱情には頭が下がります。これほど貢献してくれた一進会に、なぜもっと当時の日本政府は配慮しなかったのでしょう。一進会の勢力が拡大して反政府勢力となるのを恐れたとも言われていますが、せめて間島への入植に最大限の援助をすべきでした。日本政府は「最大の親日派」を裏切ったことになり、日韓併合の歴史に大きな悔いを残してしまいました。

第三章　併合後に親日化した朝鮮の言論界

三一運動の実態は暴動だった

三一運動とは、多くの韓国の民衆が日本統治に反発して立ち上がった「独立運動」であると一般に言われています。しかし、その話はどこまでが事実なのでしょうか。

三一運動は、第一次大戦後、アメリカ合衆国ウィルソン大統領が打ち出した民族自決思想に刺激された在日朝鮮人留学生が、一九一九年二月に東京で決起集会を開き、独立要求書を日本政府に提出しようとしたことから始まりました。

この動きはすぐに朝鮮半島にも伝わりました。同年三月一日、京城のパコダ公園に宗教家三十三人（天道教代表十五人、キリスト教十六人、仏教二人）が集まって「独立宣言」が読み上げられ、非暴力・無抵抗主義を標榜して街頭で「万歳デモ」が行われました。

現在の韓国では、この「万歳デモ」を日本の軍や官憲が無慈悲に弾圧したと学校で教えており、韓国小学校社会科教科書[12]にも次のような記述があります。

「日本は独立万歳を妨害するために、あらゆる悪行を犯した。彼らは太極旗を持って万歳を叫ぶ人々に向かって銃を撃ち、民家や教会、学校に火をつけ、はなはだしくは一村の住民すべてを殺してしまったこともあった。数多くの人々が死んだり投獄されたり、あらゆる拷問で苦しめられた」

しかし、金完燮《キムワンソプ》は『親日派の為の弁明2』(扶桑社)の中で、このような教科書の記述について、次のように反論しています。

「学校の教科書では(日本に関連した他の部分も同じだが)事実を概して糊塗し捏造している。まるで平和なデモをしていた朝鮮人たちを、日本軍警が無差別に虐殺したかのように述べている。もし日本の軍警がそのように対応したとしたら、万歳デモは初期に鎮圧され、全国に拡散しえなかっただろう。当時の日本軍警は平和的なデモに対してはデモ隊を保護し、殺人と破壊を行う暴徒や鎮圧軍警を攻撃するデモ隊に対してのみ治安維持と正当防衛の次元で武力を行使したのである」

では三一デモの実態とはどのようなものだったのでしょうか。この「万歳デモ」は確かに当初は平和裏に始まりました。ところが、やがて様相が一変し、朝鮮全土で暴徒による破壊、放火、殺人、略奪が行われるようになりました。黄色人種間の分裂を図る欧米宣教師たちに煽られた朝鮮人キリスト教徒たちが暴徒化し、これに近代化で特権を喪失した両班や旧軍人などの不満分子が乗っかって、全国規模の破壊活動となり暴動になったのです。

地方の多くの朝鮮人も暴徒を恐れて憲兵や警察に保護を求めましたが、駐在所や憲兵分遣隊の兵力は十人から多くても二十人しかおらず、数が圧倒的に足りません。一般人は暴徒から身を守るために自警団を作り、憲兵や警察は社会秩序を維持し住民を守るために、やむをえず武器を使用しました。全国的な騒擾《そうじょう》の渦中である程度人的被害が出るのは、仕方のないことでした[13]。

（注12）国定韓国小学校社会科教科書『わかりやすい韓国の歴史』石渡延男監訳（明石書店）

（注13）韓国では三一事件の死者数を確実な根拠なしに七千五百九人としているが、朝鮮総督府が詳細調査した結果では、死亡者は五百五十三名となっている。

三一運動を批判した閔元植

閔妃の血統に繋がる閔元植《ミンウォンシク》は、一八八七年に生まれ、十二歳の時に単身日本に渡りました。

閔元植

そこで運よく副島種臣《そえじまたねおみ》に出会い、福岡県知事の庇護を受け、その後、伊藤博文に拾われて統監府で働いています。併合後は利川《イチョン》や高陽《コヤン》の郡守（市長）に任じられており、一九二〇年代の代表的親日派の一人と言えるでしょう。

彼は郡守時代に三一事件に遭遇しており、事件後に『朝鮮騒擾善後策——鮮民の求るところは斯《か》くの如し』という論文を書いて、三一事件の本質を的確に指摘しています。長文なので、その核心部分のみ引用してみます。

「このたびの三一独立運動の近因は、米国大統領ウィルソンの提唱した民族自決主義を、欧州戦争となんら関係のない朝鮮にも適用されるものとする誤解から起こった。もしくは誤解を装うて、ひょっとしたらうまくゆくかも知れないと狙った在外朝鮮人の煽動に由来した。もっと言えば初めから実現できないと知りつつ妄動を企てた感がある。常識的にみれば狂気の沙汰と言えよう。……日本政府は併合以来十年近く朝鮮人の生命財産を保護し、国利民福を向上させる点において用意周到であった。運輸交通、金融機関の整備、農工各種産業の発達等、旧韓国時代の悪政から朝鮮人を解放し、夢想もしなかった恵沢《けいたく》をもたらした。にも拘らず朝鮮人の性情が偏狭・我執に傾いているためか、口では感謝しながら、心では淋しさを感じ、朝鮮人の自尊心を傷つけるなどと思うものが多い。さらに朝鮮人は米国を世界の自由郷、現世の楽園のように思っているものが多い。しかしそこは白人の天国であって、有色人種の人権はほとんど認められない。パリ平和会議で日本が人種差別撤廃を提案したが、オーストラリアのヒュース首相が強硬に反対し、それを真っ先に支持したのはウィルソン大統領ではなかったか。米国の庇護に頼って光栄ある独立が達成できるなど不可能の事である。日本統治下の朝鮮人は、米国に比べて遥かに幸福であることを認識し、穏当な方法によって民権を拡大してゆくことを構ずべきである」

親日派に変わった三一運動の指導者たち

では実際に日本は三一暴動をどのように処理したのでしょうか。最高裁判所の判断で、この暴動に対しては内乱罪は適用されず、保安法と出版法のみが適用されました。

勿論拷問なども一切行われていません。日韓併合後に拷問は禁止され、行ったものは懲役三年以下の刑事罰も決められていました。

金完燮『親日派のための弁明2』（扶桑社）によれば、三一暴動で検察に送検された被疑者は一九一九年五月八日の時点で一万二千六百六十八人。そのうち約半数の六千四百十七人が起訴されています。その後、一審で三千九百六十七人が有罪判決を受けましたが、日本人の憲兵六名と警官二名が虐殺され、多くの建物が放火されたにもかかわらず、死刑は一人もおらず、十五年以上の実刑もなく、三年以上の懲役はわずか八十人にすぎませんでした。しかも彼らは一九二〇年の大赦免で刑期が半分以下に減らされています。

極刑を嫌う日本人の加える罰は極めて軽く、朝鮮人は歴史上初めて近代的な司法制度のもとで公正な裁判を受けたのでした。この時逮捕された「独立宣言」の起草者・崔南善《チェナムソン》をはじめ、李光洙《イグアンス》、崔麟《チェリン》、朴熙道《バクヒド》など三一運動の主要リーダーたちは日本の裁判のあまりの公正さに感激し、やがて強烈な親日派となって、一九三〇年代の言論界をリードすることになります。ではその後の彼らの主張を見てみましょう。

■李光洙

独立宣言に先立って学生たちによって発表された「二八独立宣言」を起草した李光洙は一端上海に亡命しましたが、すぐに転向し、二年後に次のように主張しています。

「半島人自身を救うのは、決して自由でも、独立でもない。勤勉と努力である。彼らはいたずらに半島の独立を叫ぶより、まず精神の独立を図らなければならない」

李光洙は当時の朝鮮の実状を冷静に見据えながら人々にそう説きました。

さらに彼は、日鮮同祖論の立場をとり、「二千年前は一つの民族であった。……朝鮮人は朝鮮人であることを忘れなければならない。我が国日本を守るために、我々は大日本帝国の臣民としての責務を全うしよう」と呼びかけています。

終戦後、彼は若者を親日に煽動した代表的売国奴として投獄されましたが、一切懺悔せず、「自分は愛国者なるがゆえに親日になった」と主張しました[14]。彼が無謀で実益のない独立運動から身を引いて、朝鮮人の地位向上に尽くしたのは、彼の良心と勇気、そしてなによりも朝鮮民族に対する深い愛情がそうさせたに違いありません。

■崔麟

三一運動の首謀者として中心的役割を演じた崔麟は、懲役三年に処せられましたが、二年後には仮出獄しました。出獄後は独立運動から自治権獲得運動へ方向を変え、当局の計らいでアイルランド等への視察にも出かけています。一九三一年には中枢院参議に任じられ、その折りに次のような言葉を述べました。

「真心と赤誠をもって朝鮮人は帝国臣民たることを自覚・自認し、日本人は朝鮮人を真の同胞国民として認めねばならない。内心に爆弾と剣を抱いて、日本国民でござると仮装・偽装し、同一同胞と言いながら優越感を示すならば、これまた渾然一体の日鮮一家は成立し得ない。朝鮮の民族性を尊重し、朝鮮文化を崇拝しながらも、我々は日本帝国臣民たることができ、日本帝国の世界に対する使命に貢献しながら、大東亜の平和に尽力することができるのである」[15]

複数の民族が共存して一つの国をなす上で、現在の世界にも十分通じる言葉ではないでしょうか。

■朴熙道

朴熙道は、三一暴動で懲役二年の判決を受け、服役後に出獄しました。その後、崔麟らの自治権獲得運動に賛同し、親日派となって一九三一年には日本文の月刊誌『東洋之光』を創刊しました。その創刊号を飾った彼の主張は次の通りです。

「この際半島二千万同胞の心胸に日本精神を徹し、皇道精神を昂揚し、陛下の赤子として、皇国日本の公民として、例外なく国体の尊厳を体得し、皇国日本の大使命を遵奉《じゅんぽう》し……もって東洋の平和は素より所謂八紘一宇の大理想を述べて、世界人類文化の発達とその康寧《こうねい》福祉増進に貢献することを期さねばならぬと信じます。想ふにこの大義を理解し、この理念を体得する時、何人も日本国民としての光栄と矜持を感得せぬものがあるでしょうか」

このように彼は八紘一宇の大理想に共鳴し、朝鮮人は自ら進んで日本国民になるべきだと述べているのです[16]。

■崔南善

崔南善は三一運動において「独立宣言」を起草しており、懲役二年六カ月の判決を受けましたが、刑期満了を待たずに一九二一年十月に仮出獄しました。出獄後彼は、朝鮮銀行総裁・美濃部俊吉の資金援助によって雑誌『東明』を発行。日本の出版物の翻訳など日本的文化の普及に力を入れました。一九二八年には朝鮮史編集委員となり、中枢院参議にも選ばれています。一九四三年に彼は李光洙らと共に勧説隊として渡日し、明治大学、東洋大学その他の大学で学徒兵督励のために遊説しました。その時の彼の演説は次のようなものでした。

崔南善

「昔から、春秋に義戦はないといわれているが、今度の戦争を義戦——聖戦といわずして何といえようか。……大東亜の建設、全人類の解放、主義と信念と理想を生かすための聖なる戦いに行くことは何と快心事であることか。……日本国民としての忠誠と朝鮮男児としての意気を発揮して、一人残らず出陣することを願う次第である」17

このような三一運動の闘士たちの熱烈な呼びかけによって、後述致しますように、多くの朝鮮の若者も大東亜戦争の大義のために立ちあがったのです。

（注14）（注15）『「植民地朝鮮」の研究』杉本幹夫（展転社）

（注16）（注17）『親日派』林鍾国（御茶の水書房）

「内鮮一体の三大著作」の登場

日韓併合から四半世紀たつと、朝鮮では進んで日本人と同化したいと望む人が増えて来ました。それに応えるような書物が次々に発行される中で「内鮮一体の三大著作」なるものが登場しています。それぞれについて著者の主張を紹介します。

■玄永燮『朝鮮人の進むべき道』

一九〇七年に生まれ、京城帝国大学を卒業した玄永燮《ヒョンヨンソプ》は、生まれながらの親日派であり、「日本人以上の日本人」が彼の目的でした。彼は一九三八年七月八日に南次郎朝鮮総督が民意を聞くために開催した第十一回面談の席上で、朝鮮語の全廃を建議しました。

これに対し南総督は「朝鮮語を廃止するのはよくない。可及的に国語（日本語）を普及するのがいいのだが、この国語普及運動も朝鮮語廃止運動に誤解されることがあるくらいであるから、それはできない相談である」と却下しています[18]。

これに先立って彼が一九三八年一月に書いた『朝鮮人の進むべき道』は「内鮮一体の三大著作」の一つに数えられています。彼はその中で、こう述べています。

「日本は異質者を同化包容するのである。日本の将棋では敵の駒を取って味方の駒として使用するのである。これと等しく異民族を排撃することはない。共に生きるのである。我々は五箇条の御誓文の『万機公論に決すべし』『上下心を一にして盛んに経綸《けいりん》を行うべし』という御精神に反して生活はできぬ。我々が二度と独立共和国を夢想せず、完全に日本国民の精神を持つならば、我ら朝鮮人も国政に参上する機会が得られるであろう」[19]

玄永燮は朝鮮人が幸せになるには、日本人化する以外に道はないと考えたのであり、彼も朝鮮民族を心から愛する親日派でした。

■金斗禎『防共戦線勝利の必然性』

元共産党員で朝鮮共産党再建協議会の中心人物であった金斗禎《キムトウチョン》は、獄中で転向。熱烈な親日派となって『防共戦線勝利の必然性』を著しました。彼はその中で次のように書いています。

「朝鮮は外地もしくは植民地ではなく、大日本帝国の一地方として、北海道や九州のような如きものであり、従って残されている懸案も必ず解決されるであろう。……こうした見地から私はまず一千万の半島の同胞が一人残らず皇民としての素質と実力を培養しなければならないと主張すると同時に、内鮮一体化は半島人の一方的な努力によってなされるものではなく、一億国民の総力によってのみ完成されるものと信じる」[20]

彼が指摘しているように、朝鮮半島は欧米が収奪のために支配した「植民地」ではなく、かつての北海道のような、内地のレベルに引き上げるための「拓植地」だったのです。

■金文輯『臣民の書』

金文輯《キムムンジップ》は一九〇九年、大邱に生まれ、早稲田中学から松山高等学校を卒業、横光利一のもとで小説を修業し、一九三五年に朝鮮に戻りました。彼は『臣民の書』を著し、「朝鮮民族の発展的解消論序説」の中で、このように述べています。

「数千年にわたる過去の朝鮮史、ことに李朝五百年史だけを取り上げてみても、完全な独立など一場の夢に過ぎないことは、我が朝鮮自身の常識である。いわんや最近五十年の国際情勢、とくに日増しに険悪の度を増すこれからの世界史相を展望するとき、朝鮮が微弱なままに一度独立してみようというのは……最初から問題にならないのである。してみると今や我々に残されている唯一の道は、肉体的にも精神的にも内地人と同族になって、一切の義務と権利を同一に享受しようという皇国臣民の道である」[21]

このような内鮮一体論を見れば、彼らが朝鮮の状況を冷徹に見て、性急に自分たちだけで独立するよりも日本国の一部である方が、近代国家の国民としての地位を確保し、朝鮮人民の福利を維持向上することができるという、現実論に立脚していることが分かります。韓国が現在主張しているように「残虐な植民地支配」であれば、このような議論が出て来るはずがありません。

（注18）『親日派』林鐘国（御茶の水書房）
（注19）『「植民地朝鮮」の研究』杉本幹夫（展転社）
（注20）『親日派』林鐘国（御茶の水書房）
（注21）『日韓２０００年の真実』名越二荒之助編著（国際企画）勝岡寛次執筆

第四章　日本統治下で発達した朝鮮の近代資本主義

古代国家だった李朝時代の経済システム

もともと朝鮮では儒教の影響で物の売り買いに従事するものは軽蔑の対象であり、人々は商業にそれほど興味を持っていませんでした。首都の漢城でさえも、近世の江戸や大坂と比べて活気に乏しい貧しい街であり、そこでは王室お抱えの御用商人や、城内で利権を持った少数の業者、それに地方から物を運んでくる行商人たちが細々と商売をやっているだけでした。朝鮮のどこにも商業の発展のために不可欠な、大規模な消費市場が形成されておらず、李氏朝鮮末期の経済システムは、まだ古代国家の域にあったのです。

使われていた貨幣も粗悪であり、英国女性旅行家のイザベラ・バードは、その著書『朝鮮紀行』の中で、その状況を次のように書いています。

「受け取ってもらえる貨幣は、当時公称三千二百枚で一ドルに相当する穴あき銭以外になかった。この貨幣は数百枚単位で縄に通してあり、数えるのも運ぶのも厄介だったが、なければないでまたそれも厄介なのである。百円分の穴あき銭を運ぶには六人の男か朝鮮馬一頭がいる。たった十ポンドなのにである！」

韓国では李朝時代に資本主義の萌芽があり、日本がそれを潰したという議論がありますが、カーター・J・エッカートは、その著書『日本帝国の申し子』の中でこう述べています。

「民営の手工業者や賃金労働者が存在するというだけで、資本主義発展の兆しがあるというのは間違いである……歴史的に見て、資本主義の萌芽が李朝にあったという事実が必要になるのは、偏狭なナショナリズムを正当化する時だけである。そのような偏狭な考え方が第三者の興味をそそるはずはなく、朝鮮の歴史ともほとんど関係がない」

朝鮮人資本家の登場

このような古代国家並みの経済レベルだった朝鮮に、日韓併合からわずか十年弱で、近代的起業家としての能力を持った世代が現れました。併合後に朝鮮の地主や商人の子弟が、大量に日本に留学し、そこで語学力を身につけ、近代的経済システムを吸収して半島へ帰り、それぞれが起業を開始したのです。

一九二〇年頃から彼らは綿紡績、毛織物、ゴム製品、酒類、精米などの分野へ本格的に投資を始めました。既に一九二九年の時点で、朝鮮における会社払込資本総額のうち三〇％を日本・朝鮮の合弁会社が占めており、さらにこれ以外に朝鮮人独自経営によるものが一〇％を占めていました。合弁会社が多いのは、経験に乏しい朝鮮の資本家として、リスクを最小化する最も合理的なやり方だったからです。

一九三七年には朝鮮人の経営する工場は産業分野全体で二千三百を超え、そのうちの約百六十社が五十人以上の従業員を抱えており、日本企業と朝鮮企業の両方の株主名簿に名前のある朝鮮人も多数出現しています[22]。

このように朝鮮では、併合後短期間のうちに多くの起業家が台頭して、商工業発展に力を尽くすようになりました。ちなみに三星《サムスン》グループの創始者李秉喆《イビョンチョル》氏は、早稲田大学を病気中退したあと、一九三〇年代に精米所や醸造所に集中投資する傍らで国際貿易に乗り出し、今日の三星グループの基礎を築きました。またＬＧグループの創始者具仁會《クインフェ》氏も同時期に小地主から繊維事業へ進出しており、現代《ヒョンデ》グループの創始者鄭周永《チョンジュヨン》氏は、統治時代の末期に自動車修理工場を設立して、これが今の現代《ヒョンデ》自動車へと発展しました。現在の韓国経済をリードしている大企業は、そのほとんどが日本統治時代に産声《うぶごえ》をあげているのです。

（注22）『日本帝国の申し子』カーター・J・エッカート（草思社）

民族資本企業の興隆

朝鮮では民族資本による大企業も出現しており、京城紡織株式会社（京紡《キョンバン》）もその一つです。ここでは民族資本興隆の具体例として、カーター・J・エッカート『日本帝国の申し子』（草思社）を参考に、京紡の発展経緯について見て行きたいと思います。

京紡を興したのは、もともと全羅北道《チョルラプクド》の高敞郡《コチャン》の小地主だった金一族です。一八七〇年代、商才にめぐまれた当主の金堯莢《キムヨヒョプ》が米の輸出で得られた利益で水田を拡張し、その子の金祺中《キムキジュン》と金暻中《キムドンチュン》が、農地改良や農事改良によって生産性を高め、収益を拡大したことで一大富豪となりました。小作人の中には日本人もいたそうです。

金暻中には性洙《ソンス》と季洙《ヨンス》の二人の息子がおり、性洙は伯父である金祺中の養子となっています。

金祺中と金暻中は明治維新を国家発展のモデルに掲げていた開化党を支持しており、息子たちを長く日本に留学させました。兄の性洙は十七歳で渡日し、早稲田大学で政治経済を学び六年後に帰国。弟の季洙に至っては十五歳で日本に渡り、中学校から大学（京都帝国大学）を卒業するまで、十年間留学しています。そこで二人が目の当たりにしたのは、工業を軸に目覚ましい発展を遂げている日本の姿でした。二人はその日本を手本に近代資本主義社会のイメージを作り上げていったのです。

　性洙は一九一四年に朝鮮に戻ると、日本のような近代社会を建設するため、敬愛する大隈重信にならってまず学校（中央学校）の設立に着手しました。その教師として招聘した東京時代の旧友李康賢《イガンヒョン》から当時産業の主力であった繊維産業への投資を勧められ、実家の資産をつぎ込んで一九一九年に京城織紐という会社を買い取り、京紡を設立したのです。京城織紐はそれまで朝鮮人の設立した株式会社としては最大でしたが、昔ながらの手工業で、製品は消滅寸前の伝統工芸用装飾品が主体で、一般向け布地の生産は一〇％に過ぎず倒産寸前でした。これを引き継いだ京紡は、海外から新型機械をどんどん輸入して布地の大増産を図りました。その後の京紡の発展は目覚ましく、一九一九年から四五年までに、払い込み資本金は二十五万円から千五十万円に増資されています。織機の台数も百台から千八十台に増加。紡錘数も三五年に二万千六百錘となり、四五年には三万二千錘まで増えています。

性洙は京紡を創業しましたが、経営には直接タッチせず、一九一九年から三五年まで、社長は朴泳孝《パクヨンヒョウ》に任せていました。朴泳孝は開化党において金玉均の同志であり、一八八四年の甲申政変の指導者の一人でした。政変が失敗した後は日本に亡命していましたが、李完用内閣となって帰国し、親日政治家の一人として日本政府との間の交渉役を務めています。

一九一八年には朝鮮総督府傘下の朝鮮殖産銀行（現在の韓国産業銀行の前身）が設立され、朴泳孝は朝鮮実業界の「生みの親」と呼ばれる有賀光豊（61頁参照）と共に、その取締役に就任しました。有賀は一九二〇年に頭取となり、有賀と朴泳孝との太いパイプもあって、京紡は朝鮮殖産銀行より事業拡大のための多額の融資を受けることができました。

一九三〇年代に入ると弟の季洙はめきめき頭角を現し、朝鮮実業界の名士となりつつありました。そこで性洙は弟の季洙に経営を全面的に任せ、本人は教育と言論出版に力をいれることにしました[23]。一九三五年に京紡の社長となった季洙は、紡績のみならず様々な分野に投資し、車両、ガス事業や水力発電、造船、航空機製造や重化学工業などにも進出して「京紡財閥」を形成しています。

（注23）金性洙は一九二〇年に『東亜日報』を設立しており、一九三二年には普成専門学校（後の高麗《コリョ》大学校）の経営を引き受けている。

日本政府に物申した朝鮮の大企業

日本政府は朝鮮の実業界との意思疎通をはかり、共同で政策決定を行うことを目的として、統治期間中に次の通り三回にわたり産業会議を催しています。

第一回　一九二一年　名称「産業経済委員会」
第二回　一九三六年　名称「朝鮮産業経済調査会」
第三回　一九三八年　名称「時局対策調査会」

第一回はまだ朝鮮人の参加には名目的意義が強かったのですが、第二回からは朝鮮人実業家の立場がかなり強まりました。一九三六年の会議の折りは、京紡の金季洙が日本政府の統制経済を真っ向から批判しています。彼は第三回にも招待されましたが、この折は京紡の社長というだけでなく、日本人紡績業者も含めた朝鮮における紡織業者の代表という立場にありました。

国家の政策決定の場で、日本政府と朝鮮人実業家が率直に意見を交換することで、両者の間に信頼と協調の機運が生まれ、朝鮮半島における政府の政策が的確に立案・実行されるようになったのです。

またこのような公式の会議ばかりではなく、特定の企業や業界の代表と政府当局による非公式会議は頻繁に開かれており、例えば第二回産業会議の八カ月前には、金季洙をはじめとする朝鮮の繊維業者が「日本産業との調和を崩すことなく、朝鮮の綿業を統制する方策」について総督府の官僚と円卓会議を持っています。

ちなみに、当時日本人や朝鮮人の企業トップが集う「朝鮮実業倶楽部」という有名な社交クラブがありましたが、同倶楽部は全て朝鮮人によって設立・運営されており、設立時の後援者や役員も全て朝鮮人でした。これを見ても日本人実業家と朝鮮人実業家の間に全く壁が無かったことが分かります。

海外進出を果たした朝鮮の民族企業

一九三八年、金季洙は満洲に「南満洲紡績会社」を設立することを決定しました。朝鮮民族資本として初めての大規模海外進出です。同社工場は奉天《ほうてん》（現在の瀋陽《しんよう》）近郊の蘇家屯《そかとん》に建設され一九四二年に完成しました。その規模は土地が十万坪を超え、紡錘数三万五千錘、織機は最新式の豊田自動織機製を主体に一千台以上を数えました。朝鮮内のどの工場よりもはるかに大きく、従業員の福祉を充実させるために食堂、講堂、独身寮、既婚者の社宅、さらに病院まで併設されています。役員は全員朝鮮人で、従業員も朝鮮人に限定しました。この時点で朝鮮資本は日本資本と海外進出において肩を並べるところまで来たのです。

一九三七年から一九四五年までは、京紡グループは軍需景気もあって空前の利益を上げています。大東亜戦争の終結に伴って、海外や北朝鮮側の資産は喪失しましたが、韓国内の工場は新たに始興《シフン》に作った染色工場を含め全て無傷で残り、戦後の韓国経済発展に大きく寄与しました。

金季洙は戦後も財界のトップの一人として活躍し、朴正熙《パクジョンヒ》政権下で全国経済人連合会の会長を務めています。社業の発展にも努め、一九七一年には最も国に貢献した輸出業者として政府より「金塔産業勲章」を授与されました。

なお、戦後兄の性洙は普成専門学校を総合大学化して、高麗大学校（早稲田大学と姉妹校）を創立し、引き続き教育界で活躍しています。

朝鮮の経済発展に貢献した有賀光豊

大蔵省主税局出身の有賀光豊は朝鮮農業改革にも尽力し、彼の建議に基づいて一九二六年には「朝鮮産米増殖計画」が施行されました。これによって灌漑《かんがい》設備が完備し、肥料の改良、品種の改良などで農業全般のレベルが飛躍的に高まり、米の生産高も倍増しています。朝鮮経済発展に多大な貢献をした人物であり、京紡の会長を務めた金容完《キムヨンワン》は彼について、次のように語っています。

「殖産銀行の頭取である有賀の役目は朝鮮の経済を発展させることであり、そのために朝鮮人の事業活動を支援しなければならなかった。……それは彼の哲学でした。経済を急速に発展させるには、朝鮮人と日本人が手を結ぶしかないという信念がありました。……朝鮮人を平等にあつかって共に国を発展させて行くほうが日本のためになるとも信じていました。それが彼の考え方だったのです」[24]

（注24）『帝国の申し子』カーター・J・エッカート（草思社）

第五章　心が触れ合っていた日本人と朝鮮人

庶民の間に敵対感情はなかった

前章では日本統治時代における朝鮮財界の実態について述べてきました。では庶民レベルでの日本人と朝鮮人の関係はどうだったのでしょう。

戦前、検事から弁護士となり、普成専門学校の校長などを歴任した朴賛雄《パクチャンウン》氏は、戦前・戦中の思い出を著書『日本統治時代を肯定的に理解する』（草思社）にまとめています。彼が小学生だった一九三〇年代中盤の部分を一部引用してみます。

「ある日、丁子屋《ちょうじや》の食堂に家族ぐるみで行ったとき、注文したお皿がなかなか出て来ないのでマネージャーに尋ねたところ、かわいい制服の日本の女子従業員が泣きじゃくりながら謝りにきたこともあった」

「虫歯の治療は大人だって好きな人はなかろう。三品先生はすごく親切で、いろいろ気をつかわれた。……僕の顔を覗きながら「しみますか」と親切に聞いてくれた三品先生は忘れられない。朝鮮人は医者にしろ教師にしろ、子供にこんなに親切にしてくれる大人はめったにいない」

あれ、聞いていることとだいぶ話が違うぞ？　日本統治時代には日本人が威張り散らして、朝鮮人をさんざん虐めていたはずでは？　と意外に感じた読者も多いでしょう。ところが実態はこの通りだったのです。朴贊雄氏も日本人との関係について、同書の中で次のように証言しています。

「近来たいていの若い韓国人は、植民地時代の日本人は横柄で、韓国人を踏みにじったと考えているが、実際はお互いにヨソモノという気持ちはあったとしても、そのような敵対感情はなかった」

「世は日本統治の下にとみに平穏であった。南韓（韓国）で親日派を糾弾する若者たちの父母や祖父母の中に、当時反日運動に挺身したものは一人もいなかったはずだ」

「よき関係」を懐かしむ人々

このように日本人と朝鮮人の間でのイザコザなどほとんどなかったという証言は、いくらでもあります。呉善花著『生活者の日本統治時代』（三交社）にも、日本統治時代を生きた日本人や朝鮮人の体験談が列記されています。いくつかを紹介しましょう。

■吉田多江さん

吉田さんは、父親が龍山《ヨンサン》中学校教師、母親が第二高等女学校の教師として京城に赴任したために、一九三〇年代の中盤から終戦まで京城に在住しており、次のように証言しています。

「（朝鮮人とは）仲の良かった思い出が一杯で、朝鮮人と日本人の間でいじめたりいじめられたりといったことは、ほんとうに見たことも聞いたこともありません。戦後、日本に帰ってきて『日本人は朝鮮人をいじめた』と言われるようになったのですが、なぜそう言われるのかと、言われるたびにおかしな気分になってしまいます。……いったいどこでそんな悪いことが起きていたのか、今なおどうしても納得がいきません」

「私はソウルで生まれて成年になるまでソウルで生きて来ましたが、日本人と韓国人が基本的に仲よく生きてきたということは双方の民族にとって誇るべきことだと思っています」

■阿部元俊氏

阿部氏は、一九二〇年に医師である父親の京城赴任で家族と共に三歳で朝鮮に渡り、中学校まで朝鮮で暮らしました。彼は呉善花《オソンファ》氏の「日本人は朝鮮人を虫けらのように扱い差別したと言われるが本当にそのようなことがあったのか」という問いに対し次のように答えています。

「日本人による朝鮮人いじめの話は噂としてもまず聞いたことがありません。……日本人が朝鮮人を苦しめたという話は終戦後に聞いて、『いったい誰が、どこで、彼らをそんなに苦しめたのか』と不思議でならないんです。そんなに苦しめられたのなら、なぜ反発が見られなかったのかと思います。警察権力が力ずくで弾圧して口を封じていた、なんてことは全くありませんでしたし。問題になるようないじめとか差別は、一般生活者の中ではほとんどなかったということを、私は自分自身の実体験から自信をもって言うことができます」（ちなみに阿部氏は私の知人でもあり、直接本人から同様の話を聞いています）

■朴鐘植《パクジョンシク》氏

朴氏は、京城帝国大学を卒業後に弁護士となり、二〇〇〇年の時点で弁護士協会会長を務めていました。彼も呉善花氏にこのように語っています。

「当時日本人に対して特別な不満はありませんでしたし、日本人と朝鮮人の間のトラブルもあまり聞いたことがありません。……田舎の普通学校や中学校では朝鮮人が五十人で日本人が五人だったので、日本人の生徒が朝鮮人に嫌がらせをすることなど、できるはずもありませんでした。もし日本人が嫌なことをやったら朝鮮人がだまってはいなかったですから。両班の家のものを日本人が搾取するとか、チェサ（祖先祭祀）を邪魔するとかいったことはまったくなかったですよ。特に田舎では朝鮮人が怖くて勝手なことはできませんでした。だから日本人から差別されたなどの問題もなかったのです。……日本人の先生たちはみんな、非常にいい人たちでした。日本の教育はしっかりした、とてもよくできたものでした。今日、日本が豊かに暮らせているのは日本の教育がよかったからです。偏りなく、全体的に正しく教えてくれます。その当時の日本人は朝鮮語を習っていまして、私も彼らに朝鮮語を教えてあげました」

朝鮮で勤務した日本人警察官の日常

稲葉豊作氏は、昭和十四年九月に警察学校を卒業後、江原道《カンウォンド》平昌《ピョンチャン》警察署[25]に派遣されました。昭和十六年八月には一旦軍隊に召集されましたが、十七年末に召集解除となって復職し、終戦まで朝鮮の江原道で警察官として勤務しました。稲葉氏は自分史『私の生きてきた道』の中で朝鮮勤務時代の生活を書き残しておられ、息子さんからその写しを頂いておりますので、その一部を引用してみます。

◎昭和十四年

田舎回りをしてみると、人々の衛生思想は低く不潔であった。農家の住宅と牛舎が一緒であったり、蠅が多く追い払うのに一苦労する。出された食事を断れば「美味しくないからか、汚いからか」と親切で迫ってくる。最後は断りきれず御馳走になった。

どこでも田舎に行く程人間は純朴で、親切で心根がやさしい。田舎回りをするとき、清潔の点であまり神経質になると、民衆の中に溶け込むことはできないと思い、その後は臨機応変にやることにした。

◎昭和十五年

仕事は大分馴れてきたが、朝鮮語はなかなか上手にならず苦労した。田舎回りをした際、日本語のわかる人がいないので、漢文を理解する人を探し出し、筆談でようやく調査目的を果たしたこともあった。

平昌郡美灘面に転属したときは面長および幹部、警防団など多数の出迎えを受けて感激した。内地人は小学校の校長夫婦だけだったから、私達夫婦を加えても内地人住人は四名である。

当時の田舎では一にも二にも警察を頼った。種痘に来なかった者の呼び出しや、夫婦げんかの仲裁まで持ち込んでくる者もある。


どうですか、当時朝鮮の田舎で繰り広げられていた日本人警察官と住民との、ほのぼのとした交流風景がありありと見えてきます。「朝鮮語を奪われた」と韓国人は非難しますが、逆に日本人の方が朝鮮語が分からずに苦労していたというのが実態でした。

（注25）平昌は二〇一八年の冬季オリンピック開催地。

朝鮮人に助けられた日本人

上野瓏子《ろうこ》さんの回想録『木槿《むくげ》の国の学校』によれば、朝鮮の人々は一旦親しくなれば、どこまでも日本人の面倒を見てくれたことが分かります。一九三三年、上野さんの父は全羅南道《ナムド》洞江面《トンガンミョン》で事業を行っており、近所の地主である孫氏（本人の家族にご迷惑がかからないよう仮名としてあります）と親しく付き合っていました。孫氏は亡くなる時に上野さんの父に「息子たちをくれぐれも頼む」と言い残したそうです。孫氏の死後、上野さんの父が事業資金に困ると、孫氏の長男が資金を彼に提供してくれました。彼はその時の日記に次のように書いています。

「木炭販売事業の資金は、洞江面の孫○○君が融通なしくれけり。金額は五百円也。それも儲けたときの払いとし、証書を一切書くじゃなし、余（私）が苦境にあえぎ居るを見ても親類の人でさえただ一人救助の手を差しのべし者も無きに、民族を異にせる鮮人でありながら、孫○○君の父親と同年齢にて友人に過ぎぬ間柄なるに、かつその親は物故してなし。かかる事情にもかかわらずポンと投げ出し、『運だめしにやってみなさい』と云えり。その温情や終生忘れ得ざるところなり」

当時の朝鮮人は日本人以上に情が深かったようです。

その後事業が軌道に乗った上野さんの父は、優秀だった孫氏の次男を陸軍士官学校へ、三男を鹿児島の農学校（現在の鹿児島大学農学部）へ通わせるなど、孫氏との約束を果たすべく孫氏一家へできる限りの支援をしたそうです。

卒寿祝いで軍歌を歌った老婆

前出の朴贇雄氏はカナダのトロントで晩年を過ごしましたが、その時のエピソードを前掲の著書の中で次のように語っています。

「カナダのトロントに新羅会館という食堂があり、ここで韓国人移住社会のL夫人の卒寿の賀宴があった。……食事が終わるころからプロ級の祝歌が歌われ、それから観客の要望に応えてお祝いのご本人が演壇に立たれた。彼女は九十歳にしてなおカクシャク、伝統の全羅南道の謡曲にも通暁しておられるという。彼女が演壇に立たれるや、会場は一瞬水を打ったようにシーンと静まり返った。ところが彼女の口から何の淀みもためらいもなくホトバシリ出た曲は、何と現代の韓国人たちは聞いたことのない日本の軍歌の一節だった。

『天に代わりて不義を討つ　忠勇無双の我兵は　歓呼の声に送られて　今ぞ出で立つ父母の国

勝たずば生きて還らじと　誓う心の勇ましさ』

その発音も申し分なかった。……ところがもっと驚いたことに……彼女は続けて『道なき方に道をつけ』とその歌の続きまで歌い始めたのだ。韓国が日本から独立して五十五年も経ったのに、如何にして彼女はこの歌を二節まで覚えておられるのだろうか。……今韓国では民族主義が真っ盛りで、反日・反米主義がまかり通っているが、ホンモノの日帝時代、特にその後半期には反日主義は見かけられなかったのだ。日帝時代に差別され、虐められていたのだったら、かくも愉快に、堂々と、日本の軍歌が彼女の口をついて出てこなかっただろう」

終戦時に共に泣いた日本人と朝鮮人

日韓併合から時が経つにつれて、日本人と朝鮮人の心は一体化していきました。しかし一九四五年、日本の敗戦によって両民族は再びそれぞれの道を歩むことになったのです。

一九二四年に京城で生まれ、終戦まで京城におられた今岡祐一氏は次のように語っています。

「今韓国人の書く歴史では、日本の敗戦で朝鮮が解放され、独立を喜ぶ『万歳』の声が全土に轟いたことになっています。しかし、実際は敗戦の報を聞いて半島の人は日本人の手を取って一緒に泣いたんです。もう身も心も日本人になりきっていましたから、『なんで負けたんだ』とみんな涙を流して悔しがりましたよ。私らが内地に引き揚げるときも、『つれてってくれ』と泣いてすがりつく半島人がたくさんいました。『内地は滅茶苦茶で内乱状態だ』といったすごいデマが飛んでいましたから、『ついてきても苦労するだけだ。私らも飢え死にするかも知れないし、乞食をするかも知れない』と言って断るんですが、『いやそう言わないで』と。……戦後の韓国では、そういうことは一切言えないようになりましたから、公の場にはそういう話はでません。しかし今でも京城帝大の同窓会をやると、そんな当時の思い出を赤裸々に語り合うこともあります。それこそ歴史の真実というものではないでしょうか」

（『明日への選択』平成十三年四月号より）

大正六年に平壌で生まれ、京都大学を出た後、終戦まで朝鮮総督府で勤務した大師堂経慰《たいしどうつねやす》氏は、前掲の呉善花著『生活者の日本統治時代』の中で次のような体験を話しています。

「引き揚げ列車に乗るには龍山駅からでしたが、その駅前広場では、日本人家族と別れを惜しむ朝鮮人家族の姿に出会いました……引揚者の家族は四人でした。……見送りに来ていたのは七十歳に近い老婆とその息子と思われる四十歳位の男性でした……この老婆は先ほどから荷物の傍らに腰をかがめて、引揚者の子である乳児を抱きかかえながら泣いていました。老婆の息子は引き揚げる一家の主人と話をしていましたが、その間も老婆は涙が止まらないらしく、たえず手巾（手拭い）で目頭を拭いていました。引揚者の一家の五歳くらいの男の子が『ハルモニ！（おばあちゃん）』と老婆に言い寄りながら、『これ』と言って小さなお菓子の箱を差し出しました。老婆はそれを受け取ろうともせず、また涙を拭うのでした。子供も精一杯老婆に自分の気持ちを表現したかったのでしょうか。この子の生まれる前からずっと交際があったのでしょう。この老婆にとって本当に悲しい別れのようでした。肉親との別れより辛い思いで『さようなら』を交わした日本人と朝鮮人は少なくなかったと思います」

日本人の恩師を慕う韓国人

最後に、私自身が体験したことも紹介したいと思います。商社の駐在員として一九八〇年から四年間ソウルに滞在しましたが、当時は五十代半ば以上の韓国の人々は日本統治時代のことをよく覚えていました。取引先の企業の会長や社長は個人的な席になると皆日本時代を懐かしみ、「日本のおかげで韓国は近代化できました」と率直に感謝の言葉を頂きました。「日本人のくせにしっかりしなさい」と発破をかけられたこともあります。まだ若かった私を息子のように思ったのでしょう。皆心の中は親日だったのです。

一九八二年の春、ある日本の塗装機メーカーの会長がソウルに出張してこられました。仕事を終えてホテルまでお送りするとどうでしょう、五十歳をやや過ぎたような韓国人男性が五人ほど駆け寄ってきました。代わるがわる会長の手を握り体に抱きついています。

「先生！　お久しぶりです」

皆、目に涙が浮かんでいます。予想外のことに驚いた会長の目も、やがて赤くなっていきました。会長は、かつて彼らの小学校の先生だったのです。戦後四十年近く経ち、今は外国人となった生徒たちが、かつての恩師を慕って韓国中から集まってきたということでした。この国の人々は何と情が深いのでしょう。統治時代の日本人と朝鮮人の心の通い合いを象徴するあまりにも感動的な光景がそこにありました。

第六章　日本人と朝鮮人が共に夢を見た満洲国

満洲における軍閥の横暴

満洲はもともと満洲民族の土地であり、歴史上、一度も漢民族が支配したことはありません。清朝も祖先の土地を守るために、漢民族の満洲への移入を禁じていました。清朝末期にそれを解禁したことから、大量の漢民族が流入して人口が一挙に増加し、匪賊、馬賊が跳梁跋扈《ちょうりょうばっこ》する世界となりました。清朝崩壊後は、馬賊の頭目であった張作霖《ちょうさくりん》が「奉天軍閥」を作って満洲に君臨しました。彼は膨大な軍事費を捻出するために住民に重税を課し、勝手に通貨を大量に発行するなど、やりたい放題で満洲経済は大混乱に陥りました。

張作霖爆殺事件（80頁参照）後は息子の張学良《ちょうがくりょう》が奉天軍閥を引き継ぎましたが、悪政は変わらず、それどころか彼は蒋介石《しょうかいせき》の南京国民政府に合流して強硬な反日政策を取り始めました。

満洲には朝鮮に接する吉林省《きつりんしょう》を中心に、李朝末期から移住した朝鮮人（当時は日本人）が多数住んでおり、主に農業を営んでいましたが、彼らが支那人に排撃される事件も相次ぎ、朝鮮人を保護する日本側の官憲と張学良軍との間で緊張状態が続きました。支那人に襲われた朝鮮人部落で、チマチョゴリを着た老婆が救援に駆けつけた日本官憲の手を握りしめて、感謝の涙を流している写真を私も目にしたことがあります。

「満鉄も支那によこせ！」国民政府の一方的革命外交

日露戦争以降、日本は南満洲鉄道（満鉄）の事業を中心に、条約や国際法に基づいて満洲に多額の投資をしました。

ところが、蒋介石軍による北伐（支那統一のための北進）が一段落した一九二八年、蒋介石の南京国民政府は「革命外交」なるものを唐突にぶち上げました。外交交渉で結ばれた条約を、中国側からの一方的宣言によって無効化するという甚《はなは》だ乱暴な政策です。外交には相手があることを忘れた、単なる「条約破り」であり、自己中心の中華思想から一歩も抜け出ていません（これは現在も同じですが……）。外国との不平等条約を「富国強兵」をスローガンに臥薪嘗胆し、四十年をかけて相手国の合意のもとに条約改正を実現した日本との違いは歴然です。

この「革命外交」では、日露戦争の結果としてロシアから受け継いだ旅順、大連などの租借地ばかりか、満鉄などの権益も支那に返せと言っています。これらのロシアから日本への権益移転は、日露戦争後一九〇五年十二月に日清間で締結された「満洲善後条約」で清国も正式に了解しており、対外条約である以上、その後の支那政権も当然これを引き継いできました[26]。

蒋介石政権は自分たちの要求を「民族自決権」などと主張していましたが、条約も国際法も全く無視しており、無茶にも程があります。「民族自決」を言うのであれば、まずイギリスに「香港を返せ！」と言うべきでしょう。

（注26）清国はもともと満洲民族が建てた国であり、その意味で満洲は清国の版図に入る。このためポーツマス条約でロシアの権益を受け継ぐにあたり、手続き上、清国の諒解が必要となり、本条約を清国と締結して日本の権益引き継ぎを両国間で確認した。なお、日本が日露戦争で勝たなければ、満洲はおろか支那の北半分にロシアが進出した可能性があり、日露戦争の日本の勝利は、結果的に清国をロシアから守ったことになる。

度を越した満洲での排日侮日運動

このような支那の理不尽な要求を、日本は当然ながら拒否しました。ところが支那側は自分たちの言い分を通すために、とんでもない行動に出ました。排日侮日運動です。支那や満洲の日本企業や日本人に徹底的に嫌がらせをやって、軍事力を使わずに大陸から「いびり出す」手段に訴えたのです。

蒋介石率いる南京国民政府の組織が整うにつれて排日運動も組織化され、「革命外交」と歩調を合わせて、国家が排日運動を主導するようになりました。同政府は排日を奨励または強制する法律を作り、学校で排日教育を行い、軍隊で排日宣伝をし、国民に抜きがたい排日感情を植え付けて行きました。

具体的排日項目は、「日本の満洲進出反対」「日貨排斥」「鉄道・鉱山・紡績等日本の事業による支那の損害賠償」「領事裁判権の撤廃」「内河《ないが》航行権反対」など、ありとあらゆる分野にわたっており、甚だしくは「琉球・台湾・朝鮮は支那の領土だ」というのもありました。

満洲では南京国民政府の傘下となった張学良が猛烈な排日侮日政策を始動しました。「満洲善後条約」によれば「林業、鉱業、商業など許可を得れば満鉄付属地以外でも営業可能」

とされています。にもかかわらず、日本企業に対する営業許可の一方的な取り消しや警察などによる事業妨害が相次ぎました。

張学良は満鉄本体の経営も徹底的に妨害しています。「満洲善後条約」の附属取り決めで「満鉄の利益を損なう並行線は敷設しない」と取り決めていますが、「革命外交」ですから、そんなことなどは全くお構いなしです。彼は平気で米英から金を借りて満鉄の東西に新しい鉄道を敷設しました。このため満鉄は経営が極端に圧迫されるようになったのです。

また、一九二九年七月には、張学良の奉天省政府は「懲治盗売国土暫《ざん》行《こう》条例」なるものを発令し、日本人に土地を貸したり販売する者は最高で死刑に処すとされ、過去に遡ってまで適用されました。これで日本人は満洲で土地を入手できなくなり、一九三一年二月には朝鮮人を満洲から追放するための「鮮人駆逐令」が発令され、多くの朝鮮人が土地を奪われ迫害されました。

さらに日本人居留民への嫌がらせは度を越していました。すれ違う支那人から唾を吐きかけられ、通行・登下校・買い物中の日本人や朝鮮人が脅迫・暴行され、列車の運行を妨害されるなど日常茶飯事となりました。政府のお墨付きがあり、日本人と朝鮮人を全て追い出すつもりでやっているのですから、それは辛《しん》辣《らつ》でした。在満洲の日本人はたまらず日本政府に対応を要請しましたが、対支融和政策に固執する幣《しで》原《はら》喜重郎外相の方針もあり日本政府は全く動かず、次第に悪化する情勢の中で居留民は耐え難い屈辱と危険に晒される日々を送っていたのです。

張作霖爆殺事件の実態

張作霖にとって満洲とは中華覇権への踏み台に過ぎず、満洲経済を破壊してでも、関内、つまり万里の長城以南への出兵にこだわっていました。このため日本の関東軍内では張作霖を失脚させて張学良を擁立しようとする意見が優勢となりました。張学良が長城以南への出兵より満洲の安定を重視していると判断されたためです。さらに陸軍や外務省も蒋介石の北伐に敗れた張作霖を支援すれば、蒋介石との軍事的対立を招きかねないことから、張作霖を見限っていました。

一九二八年五月三日には山東省済南で蒋介石率いる国民革命軍が日本人十二人を虐殺する事件（済南事件）が起き、国民革命軍の追撃を受けて張作霖が満洲に撤退すれば、同様の事件が満洲内で起きる恐れがありました。そこで関東軍は張作霖軍を関内と満洲の境にある山海関で武装解除する計画を立てて政府に許可を求めましたが、政府の大勢に反して張作霖の支援に固執した田中義一首相は出動命令を出しませんでした。関東軍は政府の方針に従いましたが、張作霖が逃げ帰り、いよいよ満洲に危機がせまったことで、関東軍高級参謀であった河本大作大佐が軍職を去る覚悟で部下と共に独断で、同年六月四日、張作霖を奉天近郊で列車ごと爆殺したのです。張作霖爆殺は関東軍の組織的関与も部隊への出動命令も計画性もない、緊急処置として実行されたものです。

なお、この張作霖排除によって、満洲における「済南事件」の再発は防げましたが、後を継いだ張学良が蒋介石に帰順して反日化したために、満洲の情勢が一層悪化したことは既に述べた通りです。

（『国体文化』平成二十九年五月号「満洲事変―背景・経過・国際環境と影響」宮田昌明より）

満洲の秩序を回復した関東軍

排日侮日運動はさらに激化して「打倒日本」を怒号するようになり、満洲の在留邦人（朝鮮人を含む）にいよいよ身の危険が迫ってきました。そのような状況下で一九三一年六月二十七日、陸軍参謀本部の中村震太郎大尉が、張学良麾下《きか》の奉天軍屯墾《とんこん》軍第三師団長・関玉衡《かんぎょくはん》によって射殺されるという「中村大尉殺害事件」が発生。証拠や証言がそろっているにもかかわらず支那側は「日本の不良ごろつきによる捏造」と強弁したために、日本の世論は激昂しました。

関東軍は奉天軍と直接交渉すべく日本政府に許可を要請しましたが、支那との摩擦を避けたい政府はこれを許可せず、政府間ベースで外交交渉を始めました。しかし支那が相手では全く埒があきません。

満鉄の守備にあたっていた関東軍は現地情勢を正確に把握しており、これ以上手をこまねいていては「日本の正当な権益も居留民の命も保証されない」と判断、独自で行動を起こす覚悟を決めました。そして一九三一年九月十八日、柳条溝《りゅうじょうこう》における満鉄爆破事件（柳条溝事件）[27]をきっかけに、関東軍と張学良軍とは交戦状態に入りました。満洲事変の勃発です。

わずか一万四百人の関東軍は、三十万とも四十万とも言われる張学良軍を、瞬く間に追放しました。関東軍の装備の優秀性と彼我の士気の差もさることながら、匪賊の略奪と張学良の搾取に苦しんでいた民衆が、関東軍を解放軍として受け入れ、喜んで協力したことが最大の勝因でした。三十万人を数えた匪賊や馬賊、さらに浸透しつつあった共産ゲリラも掃討され、治安は一気に安定しました。張学良の重石が取れた住民は各地で自治組織を結成し、新国家建設運動が満洲中で澎湃《ほうはい》と沸き起こりました。

（注27）柳条溝事件＝奉天北方八キロの柳条溝において満鉄の線路が爆破された事件。石原莞爾など関東軍参謀が状況打開のために計画・実行したと言われる。

「日・鮮・満・蒙・支」五族協和の理想郷

関東軍はこうした運動をまとめるべく各地の中核指導者を説得し、新たな政権の発足を目指しました。力で軍事政権を作ろうとしたわけではなく、また関東軍の規模で広大な満洲平野に軍事独裁政権を作ること自体、不可能でした。

翌一九三二年三月一日に満洲国が成立し、日本の後押しで満洲族である清王朝の末裔、愛新覚羅溥儀《ふぎ》が皇帝（康徳帝）の位についています。その後日本は「日・鮮・満・蒙・支」の五族協和の王道楽土を建設するために、膨大な資金と技術と満洲につぎ込みました。一九四五年の満洲崩壊までの累計は百億円以上（今のお金で百兆円以上）に達しています[28]。

満洲国を「日本の傀儡国家」と非難する人もいますが、できたばかりの新生国家を、唯一近代国家の経験をもつ日本が、政治的・経済的に指導することに何の不自然さもないはずです。日本人が特権階級の地位に固執したわけでもなく、民族協和を第一とし、一切の差別政策はありませんでした。

こうして満洲は急速に発展を遂げ、日本国内にもない豪華なホテルや駅舎やビルが各地に建ちました。鉄道網も拡張され、時速百二十キロの「特急あじあ号」（全車冷暖房付）が満洲の大地を疾走しました。当時日本国内での最速は九十五キロの「燕号」でしたので、まさに超特急でした。

満洲国長官を務めた星野直樹は次のように語っています[29]。

「生れ出た満洲を、一人主導的地位に立った日本人のみならず、ひろく東亜諸民族が力を合わせて開発・発展せしめ、その恵福を、ひろく等しく各民族の間に分かち、ここに新たなる楽天地を作り上げようと、日本の若き人々は進んで満洲国に集まってきた。これらの人々を満洲に引っ張ってきたものは、決して私欲ではない、名誉でもない。新しい天地を開き、新しい国づくりに参加せんとする純粋な心持であった」

このように、この時代の若い人々は日本人も朝鮮人も満洲に夢と希望を抱いていました。そのような機運があったからこそ、京紡の金季洙も、あれだけの工場を満洲に作ったのでしょう。

満洲国建設を日本の「侵略行為」であると蔣介石は主張しましたが、万里の長城以北を化外の地としてきた漢民族にそれを言う資格はありません。満洲族である清王朝の末裔が満洲に戻って皇帝となることに何の問題があるのでしょう。

人々が満洲に「理想の王道楽土」を作ることを夢見て集まったのは事実であり、さらに最も大切な点は、そこにもとから住んでいる住民もそれを強く望んでいたということです。それがなぜ「侵略」なのでしょう。満洲国があと十年長生きできていれば、おそらくアメリカにも匹敵するアジア最大の近代的多民族国家ができ上がっていたに違いありません。日本人も朝鮮人も共にその夢を見た時代があったことを、忘れないようにしたいものです。

（注28）（注29）『日本の植民地の真実』黄文雄（扶桑社）

国民革命軍の暴挙と幣原外交の失敗

満洲事変に至る経過を辿《たど》ると、日本の軟弱な外交姿勢が国難を招来した事実が浮き彫りとなります。

一九二七年三月二十四日、北伐途上の蒋介石率いる国民革命軍が南京に入り、イギリスを始め列強の公館や学校、会社を襲って略奪し、外国人婦女子を凌辱しました（南京事件）。日本領事館でも駐在武官ら二人が銃剣で刺され、金庫の鍵を奪われています。

これに対し、米英は避難民救助のために反撃し、揚子江上の軍艦より南京城内を砲撃しましたが、日本は「対中宥和《ゆうわ》外交」を唱える幣原喜重郎外相の意思が優先し、砲撃に加わりませんでした。

一九二一年十一月から翌年二月にかけて行われたワシントン会議で日英同盟は破棄されましたが、その後もイギリスは日英同盟復活を望んでおり、駐日イギリス大使のサー・チャールズ・エリオットは「東洋に関する限り、特に東洋と西洋の双方におけるソ連の活動の危険性を正しく評価するならば、合衆国よりむしろ日本と協力しなければならない」と本国に報告し、イギリス国王はこの報告に特に感銘を受けたといわれています（ロイド・ガードナー論文「極東国際政治と米英関係」）。

しかし、南京事件において、窮地にあったイギリスの要請を蹴って反撃しなかったことが、日英同盟復活の道を最終的に塞いでしまいました。その上、米英から「日本は同じ東洋民族として中国と裏で繋がっている」との疑惑まで持たれる結果を招いたのです。

一方、中国側は日本が反撃しなかったことにより、「米英は怖いが日本は弱い」と見なし、以後、反米反英は消え失せ、反日に集中することになりました。

万一、幣原外相が中国に対して断固たる対応をしていれば、日英関係は飛躍的に改善され、中国の反日も高まらず、その後の歴史は平和の方向へ大きく変わっていた可能性もあります。「幣原外交」は「軟弱な対応」が逆効果となり戦争を招く典型的な例と言えるでしょう。現在の政治家も肝に銘じるべきです。

第七章　支那事変は日本の侵略ではなかった

コミンテルンが画策した盧溝橋事件

日本と満洲国を敵視し、排日侮日に狂奔する南京国民政府の横暴は、ついに日支間の軍事的衝突を招き、やがて全面戦争（支那事変）へと発展することになります。

最初の紛争は一九三七年七月七日、盧溝橋《ろこうきょう》付近で演習中の日本軍[30]に対して蒋介石傘下の支那第二十九軍から数次にわたって銃弾が撃ち込まれ、やむを得ず日本軍が応戦したことから始まりました。日本側はこの事件が戦争に拡大しないように最善を尽くし、一旦は二十九軍との間で現地停戦協定を結んでいます。日本軍の増派も状況を見ながら何度も見合わせました。しかし支那側によって停戦協定はことごとく破られ、日本側に被害が続出しました。日本側は支那軍の不法行為を抑えるために、ついに内地三個師団の北支への派遣を決め、二十九軍と戦闘状態に入ったのです。

この「盧溝橋事件」はコミンテルン[31]の指示で二十九軍の中に潜り込んだ共産党員が日支間で戦争を起こすために、隊内で反日を煽り、それに紛れて発砲したことが戦後明らかになっています。盧溝橋事件直後に出されたコミンテルン指令[32]の第一項および第二項も次のようになっており、そのことを証明しています。

一、あくまでも局地戦を避け、日中全面戦争にみちびかなければならない。
二、右目的貫徹のためあらゆる手段を利用すべく、局地解決や日本への譲歩によって中国の解放を裏切る要人は抹殺してもよい。

このように盧溝橋事件の裏には、蒋介石の支那軍を日本軍との全面戦争に導き、共倒れさせて共産軍が漁夫の利を得るためのコミンテルンの策謀がありました。

盧溝橋事件発生後も日本はなんとか戦争拡大を防ごうと、七月二十九日に通州で発生した日本民間人大量虐殺（次章参照）すらも耐えに耐え、それまでの華北での既得権まで全て放棄するという大幅な譲歩案を示して和平交渉を呼びかけました。元上海総領事で当時在華紡績同業界理事長の船津辰一郎がこの交渉を担当したため、これを「船津和平工作」と言います。

しかし交渉が行われた第一日目の八月九日に、上海海軍特別陸戦隊中隊長の大山中尉と齋藤與蔵一等水兵が上海共同租界で中国保安隊によって虐殺される事件が起き「船津和平交渉」も頓挫しました。共産党のエージェントが、停戦違反行為をけしかけ和平交渉を妨害していたことは、想像に難くありません[33]。

（注30）列強は北清事変後に自国民を保護するために必要な兵力を、支那に駐留させることを清国政府との間で正式に取り決めており、その後の支那政権もこれを引き継いでいる。日本も在留邦人の数に応じて五千人ほどの兵力を駐屯させていた。

（注31）コミンテルン＝正式名「共産主義インターナショナル」モスクワに本部を置く、世界革命を目指す共産主義政党による国際組織。

（注32）コミンテルン指令（興亜院政務部「コミンテルンに関する基本資料」）『戦争を仕掛けた中国になぜ謝らなければならないのだ！』茂木弘道（自由社）より

（注33）ユン・チアン／J・ハリディ著『マオ』には、当時南京上海防衛司令官であった張治中はソ連と内通した「隠れ共産党員」であり、彼が大山中尉射殺事件を仕組んだり、記者会見で「日本の戦艦が上海を砲撃し日本軍が中国人に対して攻撃を始めた」という偽情報を発表して、支那人の怒りに火をつけ、蒋介石を開戦に追い込んだという事実が記されている。

支那が仕掛けた支那事変

支那人の排日侮日感情が頂点に達し、大山中尉虐殺をはじめとする支那側の停戦違反が頻発する事態となって、蒋介石はついに「全軍事力をもって日本人を大陸から追い出す」決意を固め、本格開戦に踏み切りました。一九三七年八月十三日、支那軍は上海の日本人租界地に対して総攻撃を開始。十五日には全国総動員令を発動し、大本営を設置して日本に対する全面戦争の体制を固めています。

条約に基づいて駐屯している軍や民間人に正規軍が一斉攻撃をかけることは、もちろん国際法違反です。支那事変はもともと排日侮日運動の高まりの中で支那側が国際法に違反して仕掛けてきたものなのです。

この時、四千二百人の上海海軍特別陸戦隊は三万人の在留邦人（多数の朝鮮人を含む）を守るために、十倍以上の敵と戦い、日本陸軍一個師団が上海に到着するまでの十日間を驚異的な敢闘で守り抜きました。

それにしても、なぜ支那人はこれほどまで日本を目の敵《かたき》にしたのでしょう。支那は大中華思想の下で何千年にもわたり周辺国家を見下して来ました。日本は「東夷」の野蛮国であり、その日本に日清戦争や北清事変（義和団事件）でさんざん打ち負かされたことに、支那人は「大中華の民」としてのプライドを深く傷つけられました。

「支那を帝国主義によって侵略した」というなら、イギリスもフランスもドイツも皆同じでしょう。支那で反日感情が高まり、ついに戦争となったのは、つまるところ「東夷」の日本人が強国となり、白人と同じ立場にいることがどうしても許せなかったのです。

日本の和平呼びかけを無視した蒋介石

上海海軍特別陸戦隊の救援に最初に駆けつけた陸軍計二個師団は、ドイツやチェコ製の武器で武装し、蒋介石が雇ったドイツ軍事顧問団が指導する支那軍の頑強な抵抗にあって苦戦しました。六個師団の増援を得て十一月九日に上海を制圧するまでに日本軍は四万人以上の死傷者を出してしまいました。これだけの犠牲を払ってようやく上海を押さえた日本は、ここで戦争を終わらせるべく今度は駐支ドイツ大使のトラウトマンを介して船津工作同様の穏健な和平提案を行いました。しかし結局この提案も蒋介石によって拒絶されています。

上海で敗れた支那軍は南京へ向かって撤退しますが、日本軍が進撃を止めれば態勢を立て直して逆襲してくるでしょう。それでは再び在留邦人の生命財産が危機にさらされます。首都南京を制圧しない限り戦争を終わらせることはできないと判断した日本側は、南京に向かって進撃し、十二月十三日に南京は陥落しました。そこで今度こそ戦争を終わらせるために、次のような新たな和平条件を、十二月二十六日再度トラウトマンを通して蒋介石に提案したのです。

一、支那は容共・抗日満政策を放棄し、日満両国の防共政策に協力すること。
二、所要地域に非武装地帯を設け、特殊機構を設定すること。
三、日満支三国間に密接な経済協定を締結すること。
四、支那は日本に賠償を行うこと。

支那事変は日本の侵略戦争だとよく言われます。しかし侵略戦争であるならば領土や特殊利権を相手方に求めるはずです。ところがこの和平提案では日本はそれらを全く求めていません。南京占領以前の和平条件には第四項の賠償は入っていませんでしたが、南京戦で多くの犠牲が出たため、国民世論を考慮して付け加えられたようです。賠償金請求は戦費の一部を取り戻すためのもので、賠償金が戦争の目的であるはずがありません。金額は交渉次第であり、日露戦争後のポーツマス条約では、要求してもロシアからは一銭も取れませんでした。

第一項の防共政策についても、もともと反共である蒋介石にとって受け入れられない条件ではありません。その他の条項を見ても、単に仲良くやりましょうというだけであり、一片の領土も一つの利権も要求していません。いったいどこが侵略なのでしょう。当然日本はこれで戦争が終わると考えました。講和実現の際には治外法権、租界、駐兵権など対支特殊権益の破棄を考慮し、さらに支那の復興発展に協力するという「支那事変処理根本方針」まで御前会議で決定していたのです[34]。

ところが残念なことに蒋介石は回答を引き延ばすばかりで、交渉の席に着こうとはしません。トラウトマンと連絡を取っていた駐日ドイツ大使ディルクセンも蒋介石に和平交渉の意思なしと判断し、結局一九三八年一月十六日にトラウトマン工作は打ち切りとなりました。

(注34)『大東亜戦争への道』中村粲(展転社)

望まぬ戦争に引きずり込まれた日本

その後日本は、新たにできた汪兆銘《おうちょうめい》政権（127頁参照）と国交を結ぶことになりますが、蔣介石に対しても、日本の支那大陸出兵目的が「日・満・支の提携で国際正義・共同防共・経済提携を実現すること」であることを訴えて、様々なルートで和平交渉を呼びかけました。

それでも蔣介石は米英からの援助を頼りに、どこまでも和平を拒んで戦闘を続けたのです。日本側は大陸侵略どころか、一日も早く支那と講和を結んで兵を引き揚げたかったのですが、蔣介石がそうさせてくれなかったために、日本は望まぬ戦争にずるずると引きずりこまれてしまったのが支那事変の本質でした。

しかし蔣介石は明らかに戦う相手を間違っていました。米英は日本を「弱らせる」目的のみで蔣介石を援助したのであり、日本が戦争に負ければもはや彼は「用済み」です。毛沢東の八路軍との内戦になれば、米英が蔣介石の支那軍に味方するはずがありません。八路軍のバックにはソ連がついており、支那市場がいくら魅力でも、第三次世界大戦につながるリスクを冒してまで蔣介石を援助するメリットはどこにもありません。

欧米から見捨てられた蔣介石の支那軍は瞬く間に崩壊してしまいました。蔣介石がもし日本と協力していたら、支那は共産化せず、日本と支那人が手を携えて、共に繁栄するアジアを築くことができたかも知れません。なぜそれができなかったのか。やはり彼も最後まで「大中華思想」を捨てきれなかったのでしょう。

南京大虐殺はなかった

二〇一五年、「南京大虐殺」がユネスコ記憶遺産に登録されました。しかし、これは次章で述べます通州事件と違って、歴史の捏造以外の何物でもありません。

一九三七年十二月十三日に日本軍が南京に入城した時点で、中国の一般市民は、全員が国際委員会が管理する「安全地区」に避難していました。

国際委員会の委員はアメリカ人七人、イギリス人四名、ドイツ人三名、デンマーク人一名からなっています。同委員会は正式な活動記録を残しており、そこには「南京の人口は陥落時二十万、その後十二月中はずっと二十万だったが、陥落一カ月後の一月十四日に二十五万」と記されています。三十万人大虐殺などあり得るはずがありません。

さらに住民の苦情を書きとめたリストによれば、殺人が二十六件あげられていますが、目撃があったのは一件のみ、それも「合法的殺人」と、わざわざ注がついています。

捕虜の殺害についても、軍服を脱いで民間の中に紛れ、突如襲ってくる「便衣兵」を捕えて処刑したものであり、戦時国際法に照らして正当な行為です。

国民党の国際宣伝処は、南京戦を挟む十一カ月間に、漢口において三百回も外国人を集めて日本を非難する記者会見を行っていますが、一回も「市民大虐殺があった」あるいは「捕虜の不法殺害があった」などの発表をしていません。もしそれを言えば、外国人記者が南京に来て事実を調べるため、嘘は発表できなかったのです。

「南京大虐殺」は、戦後アメリカの占領下にあって、日本に反論の権利が無かった時代に捏造された、明らかな「虚構」なのです。

第八章　支那事変で日朝の心が一体化した

通州事件と朝鮮人

支那事変が勃発すると、朝鮮の人々は日本軍に最大限の協力をしました。これには、その前に起こった二つの事件も大きく影響しているようです。一つは一九三一年七月二日に長春北西に位置する万宝山《まんぽうざん》付近で起こった「万宝山事件」です。同年二月の「鮮人駆逐令」で行き場を失った朝鮮人農民たち二百人が、万宝山近くに土地を賃借して水路開発を行っていたところに、突如支那の公安が中止を命じ、さらに軍隊を派遣して即時撤退を迫り、一部農民を拘引《こういん》しました。日本領事館も日本国民である朝鮮人農民を保護すべく武装警官を派遣し、数千名の支那人農民との間でにらみ合いになりました。支那人の朝鮮人に対する強烈な差別意識がここでも噴出したのです。

この事件は「朝鮮人が支那人に多数虐殺された」と誇張して朝鮮に伝わり、激怒した朝鮮の人々が朝鮮在住の支那人に報復する事態にまで発展しています。

さらにもう一つ、絶対忘れてならないのが「通州事件」です。一九三七年七月二十九日、北平（現在の北京）の東方にある通州で、支那人の軍隊により日本人二百二十五名が虐殺されるという大事件が発生しました。そしてこの時惨殺された日本人の中には多くの朝鮮半島出身者が含まれていました。

当時通州には親日家の殷汝耕《いんじょこう》という人物が蒋介石の南京国民政府を離脱して作った「冀東《きとう》防共自治政府」があり、機関銃や野砲まで装備する、支那人からなる保安隊を保持していました。ところがこの保安隊が冀東防共自治政府に対して反旗を翻し、日本軍守備隊の本隊が出かけているスキをついて、七月二十九日払暁、通州城内へ攻め入ったのです。百数十名しか残っていなかった日本軍守備隊は、千数百名を有する敵の攻撃に死力を尽くして戦いましたが、広い通州城内に散らばる居留民をすべて守ることは不可能でした。この間、鬼畜と化した保安隊は日本居留民の家々を一軒のこらず襲撃し、至るところで残虐な殺戮行為を繰り広げ、通州城内は文字通り阿鼻叫喚の地獄絵図となりました。

当時支那駐屯歩兵第二連隊長代理として三十日に邦人救援のために通州に急行した桂鎮雄《かつらしずお》氏は、戦後の東京裁判で次のように証言しています。

「近水楼（飲食店）の帳場配膳室では男一人、女二人が横倒れ、或いはうつ伏し或いは上向いて死んでおり、闘った跡は明瞭で、男は目玉をくりぬかれ、上半身は蜂の巣であった。一年前に行ったことのあるカフェーでは、縄で絞殺された素っ裸の女の屍があった。その裏の日本人の家では、親子二人が惨殺されていた。子供は手の指をそろえて切断されていた。南城門近くの日本人商店では、主人らしき人の死体が路上に放置してあったが、胸腹の骨が露出し、内臓が散乱していた」

同じく第二連隊の小隊長であった桜井文雄氏も同裁判で次のような惨状を証言しています。

「『日本人はいないか』と連呼しながら各戸ごとに調査して行くと、鼻に牛の如く針金を刺された子供や、片腕を切られた老婆、腹部を銃剣でさされた妊婦等がそこそこの埃箱や壕の中から次々這い出してきた。ある飲食店では一家ことごとく首と両手を切断され惨殺されていた。婦人という婦人は十四、五歳以上はことごとく強姦されており、全く見るに忍びなかった。旭軒では七、八名の女は全部裸体にされ強姦刺殺されており、陰部に箒を押し込んである者、口中に泥砂を詰め込んである者、腹を横に立ち割ってある者など見るに忍びなかった。東門近くの池では首を

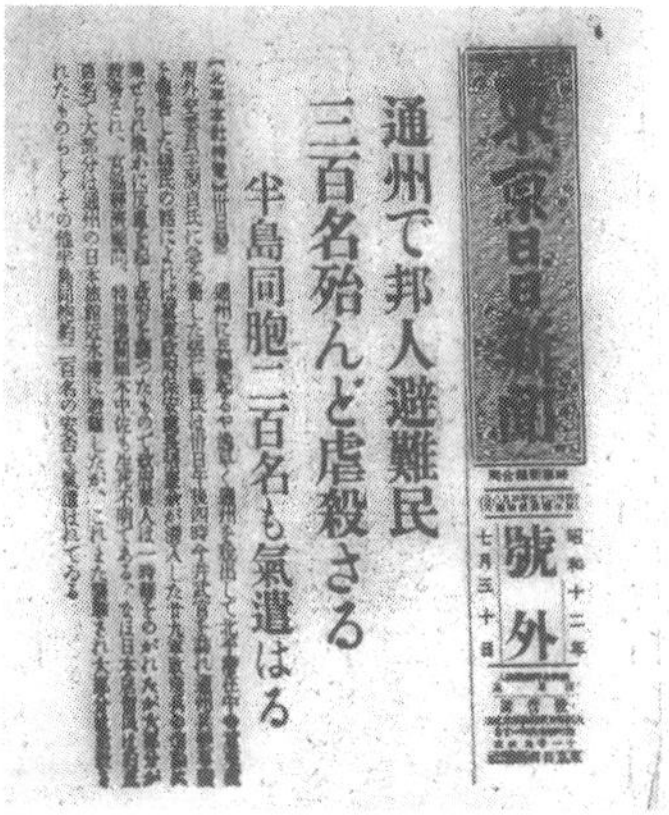
東京日日新聞
號外
昭和十二年七月三十日
通州で邦人避難民
三百名殆んど虐殺さる
半島同胞二百名も氣遣はる

1937年7月30日付東京日日新聞の報道より

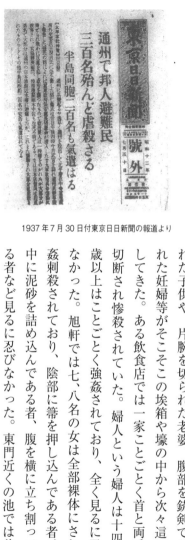

縄で縛り、両手を合わせてそれに八番鉄線を貫き通し、一家六名数珠つなぎにして引き回された形跡歴然たる死体があった」

まだまだ証言はありますが、余りの惨状に気持ちが悪くなりますので、これくらいにします。

ところで前述の通り、この「日本人居留民」の中には多くの朝鮮人が含まれていました。ではいったいこのうち何人が朝鮮人だったのでしょう。あちこち当たった結果、東京恵比寿にある防衛研究所でようやく犠牲者の名簿を見つけました。「在天津日本総領事館北王警察署通州分署」が事件直前に作成した通州居留民の名簿に、それぞれの死亡・生存の欄を付け加えたもので、犠牲者の本籍、現住所、職業、名前、生年月日まで詳細が記述されています。名簿は「内地人（日本人）ノ部」と「鮮人（朝鮮人）ノ部」とに分かれており、日本人は二百八人中百十四人、朝鮮人は二百十三人中百十一人が死亡しています。実に死亡者の約半数が朝鮮人でした。しかも十歳以下の子供たちまでが日本人十二人、朝鮮十三人も虐殺されており、そのうち二十一人は五歳以下のいたいけな幼児でした。

この事実は、朝鮮全土に知れ渡り、支那に対する怒りは極限に達したはずです。さらに日本人と朝鮮人が同じ残虐な事件の被害者となったことで、両者の間の連帯感は一挙に強まったのではないでしょうか。

この世紀の大虐殺を忘れないために、「通州事件」をユネスコの世界記憶遺産に日本と韓国で共同登録申請してはどうでしょう。

なお、「通州事件」は単なる反乱ではなく、その背景には支那軍全体の対日戦略があったとも言われており、さらにコミンテルンのスパイの工作があったという説もあります。詳細は『大東亜戦争への道』中村粲（展転社）や『通州事件　なぜ日本人は虐殺されたのか』藤岡信勝・三浦小太郎（勉誠出版）などにありますので、ご興味のあるかたはそちらもご一読ください。

支那事変で示された朝鮮人の赤誠

中国の排日侮日政策や、彼らが引き起こす協定違反・虐殺事件の数々が支那事変を招いたのであり、「理」は日本にあること、そして自分たちもまた支那人による暴虐の被害者であることを肌で感じていたからこそ、朝鮮の人々は支那事変において日本の勝利のために精一杯尽くしてくれました。

ここに一冊の小冊子があります。タイトルは『支那事変に現れたる朝鮮同胞の赤誠』となっています。「朝鮮教化団体連合会」という団体が一九三七年十月二十五日に発行したもので、冒頭で次のように述べています。

「分けても欣快に堪えないことは事変以来朝鮮同胞の間における愛国の精神の発露である。即ち半島二千萬民衆は今や国家重大なる気運に際會して、忽然として国民意識を喚起し内地人と共に、同胞感を以て帝国の理想を理解し、自ら半島の重要な使命を自覚して皇国臣民としての誇りと自負を以て、銃後の一翼任務を果たしつつあるのである」

さらにこの資料によれば、かつて三一運動で「独立宣言」を読み上げたキリスト教、天道教、仏教、儒林などの宗教家も同年七月二十六日に合同で時局講演会を開催し、日本政府の方針を絶対に支持すべきと訴えて聴衆に多大の感銘を与えたとあります。

また朝鮮の人々は進んで国防献金を行っており、「朝鮮服の紳士が百円紙幣十枚をポンと投げ出して去って行った」という話や「朝鮮婦人が金の指輪を抜いて『これを国防献金に』と差し出した」という話もあります。

支那事変が始まると、駅頭には支那に出征する日本軍兵士を見送る人々が押しかけ、同年九月だけでも四十三万人、一日平均一万四千三百余人が日の丸の旗を打ち振り、万歳を叫んで兵士を送り出したそうです。同冊子では、当時の様子を報道した新聞記事を、次のように引用しています。

「やがて発車の時間が迫ると、車窓より急いで顔をだした一人の兵士が、国旗を打ち振る一人の朝鮮の少年に、小さくたたんだ紙包みを渡した。やがて天地にこだまする万歳の歓声と共に列車は動き出した。あとで少年が先刻の紙包みを開いて見ると、中に一枚の紙幣と、鉛筆の走り書きで、次のようなことが書いてあった。『朝鮮の少年有難う。僕らはこれほどの熱誠なる歓迎を受けて黙っていられない。日本の軍隊は強いんだ。僕らは御国のためにうんと働いてきっと国恩に酬《むく》ゆるから何卒安心してください。これは少ないけれども僕らには金はいらないから鉛筆でも買って友達に分けてください。そしてうんと勉強して偉くなったら僕らのなき後も皇国日本のために盡《つく》してください』」

見知らぬ日本兵とこれを見送る朝鮮人少年との間にも、このような心の触れ合いがあったのです。朝鮮に住む日本人男性が出征すると、周りの朝鮮人が残された一家の農作業などの面倒を見てくれました。まだ志願兵制度がなかったこの時期に多くの若者が従軍を志願し、受け入れられなくて自殺した者も現れ、当局を当惑させたそうです。

この小冊子は日本の団体が作ったものであり「日本に都合のよいように書いたプロパガンダではないか」という疑念を持つ人もいるかも知れません。しかし、結びの部分には率直にこう書いてあります。

「言語、習慣風俗など異にして居った両民族が、日本国民として全く相同じき思想や感情を持つということに対しては、多少の困難が感ぜられたことは、相当あったことは否定されないのである。しかもこれがいろいろな不幸なこととなって、表面に現れた時期もあり、また次では（マ マ）表面にこそ現れないが、腹の底深く不満を蔵して釈然と打ち合わせることができない時期もあったようである。しかるに昭和六、七（一九三二、三二）年からこの方、斯様な陰鬱な気分は薄らいで行って半島の天地はだんだんと明朗になって来た。而《しか》して今次事変を機として内鮮間の一部にあったかも知れないと思わるる薄い紙一枚の隔たりすら、取り除かれた様な感が致すのである……もはや内鮮人の思想感情が一致し、共に日本国民としての心の底から手が握り合える境地に進み入ったことを断言し得るのである」

この小冊子の著者が、朝鮮の人々の心の変化に純粋に感動しているのが分かります。純粋な気持ちをこめた文章ですから、書かれていることは当時の実態として素直に受け入れてよいのではないでしょうか。

「皇国臣民の誓詞」を書いた朝鮮人

日本統治時代、朝鮮総督府は「内鮮一体」や「皇民化」という名のもとに、朝鮮の民族精神の抹殺を図ったと非難されることがあります。ところが、これらのスローガンを作ったのは日本人ではなく朝鮮人でした。元金浦郡守の李覚鐘《イカクジョン》という人物です。彼は左翼から転向した人々を集めて、白岳会を結成し、これを拡大再組織した大同民友会の顧問となりました。そこで「内鮮一体化」「皇民化」などのスローガンを案出したのです[35]。

さらに彼は、朝鮮総督府学務局の嘱託の時に「皇国臣民の誓詞」を作り、同局社会教育課長の金大羽《キムデウ》（後の慶尚北道や全羅北道などの知事）に提出し、金大羽はこれを南次郎総督へ建議して裁可されました。その内容は次の通りです。なお、この誓詞はその後学校や団体の行事の折りに斉唱されるようになりました。

■児童用

一、私共ハ大日本帝国ノ臣民デアリマス

二、私共ハ互ニ心ヲ合ワセテ、天皇陛下ニ忠義ヲ尽くシマス

三、私共ハ忍苦鍛錬シテ、立派ナ強イ国民トナリマス

■学生・一般用

一、我等ハ皇国臣民ナリ　忠誠以テ君国ニ報ゼン

二、我等皇国臣民ハ　互ニ信愛協力シ　以テ団結ヲ固クセン
三、我等皇国臣民ハ　忍苦鍛錬力ヲ養ヒ　以テ皇道ヲ宣揚セン

（注35）『親日派』林鐘国（御茶の水書房）

続々と立ち上がった愛国団体

また、「内鮮一体化」「皇民化」を推進するために、支那事変の期間中だけでも次のような団体が朝鮮人によって結成されています[36]。

■国民精神総動員朝鮮連盟

民間社会教化団体や宗教団体の代表者たちが、自発的銃後奉仕活動を協議する場として結成されました。支那事変勃発後、朝鮮人による華北慰問行きが一種の流行となり、中には現地軍に支障を来すケースも出てきたため、南次郎総督は華北慰問を控えるよう談話を出しました。

本連盟はそのような無秩序さを無くし、一つに糾合することも目的の一つでした。主な発起人は次の通り。

朝鮮商工会議所、朝鮮放送協会、朝鮮文芸会、朝鮮基督《キリスト》教連合会、朝鮮仏教中央教務院、天道教京城教区、天道教中央教区、朝鮮長老会総会、救世軍朝鮮本部、朝鮮農会、大同民友会、国民協会、朝鮮教化団体連合会、朝鮮婦人問題研究所、朝鮮国防議会連合会。

■時局対応全鮮思想報国連盟

「皇国臣民」として「内鮮一体」の強化に努める。総務は朴栄喆。

■皇国慰問作家団

文筆活動による日本軍兵士への慰問および慰問袋や千人針（兵士の武運長久を祈って千人以上の女性が針を通した布）の作成。

■朝鮮文人協会

内鮮一体化の国民文学創造のための創作、講演。会長は李光洙。

■国民総力朝鮮連盟

「国民精神総動員朝鮮連盟」をさらに強化し、南次郎総督を総裁に置き、日本人、朝鮮人が一体となった強力な国民組織を結成したもの。

■皇道協会

知識人を中心に、古事記、日本書紀など日本精神の根源となる国典の学習と民衆の啓発、普及。会長は李光洙。

このような朝鮮の知識人たちの熱心な活動もあり、朝鮮社会の内部で「内鮮一体化」「皇民化」への機運は益々盛り上がって行きました。

（注36）『日韓2000年の真実』名越二荒之助編著（国際企画）

日本兵を率い中国軍を打ち破った金錫源少佐

数千年におよんで朝鮮民族を蹂躙し続けてきた支那を、圧倒的強さで打ち破る日本軍の進撃に、朝鮮の人々は「先祖からたまりにたまった溜飲」を下げる思いでした。こうして朝鮮半島では「今こそ支那を膺懲《おうちょう》せよ。而して東亜を白人の侵略から守れ」という愛国運動が燎原《りょうげん》の火のごとく広がったのです。

金錫源

そして支那を膺懲する日本軍には朝鮮人の指揮官が何人もいました。その一人、金錫源《キムソクウォン》少佐（日本陸軍士官学校第二十七期）は、山西省東苑での戦いで大隊長として全滅覚悟の激戦の先頭に立ち、凄まじい白兵戦を繰り広げ、ついに一個大隊で一個師団の支那軍を撃退しました。この功績で金少佐には朝鮮人で初めての金鵄《きんし》勲章[37]が贈られています。

日本兵を率いてかつての宗主国である支那を撃つことは、当時の朝鮮人にとって夢のようなことであり、金少佐を讃える「万歳」の声が半島中に轟きました。

朝鮮の新聞には連日「金部隊長奮戦記」「金錫源部隊激戦記」などが大々的に登場し、「金少佐を思う」という歌が作られて、大ヒットしています。

（注37）戦場で抜群の働きをしたものに贈られる最も名誉ある勲章。この時金錫源少佐に授与されたのは、大佐以下では通常戦死したものにしか与えられない最高レベルの「功三級」金鵄勲章だった。

金錫源少佐を救った日本兵

金錫源少佐は日中戦争から大東亜戦争にかけて幾多の作戦に参加し、交戦回数は五十六回におよんでいます。一九三七年七月、北京東南方の行宮兵営高地攻撃の際には、自ら日本刀を片手に大隊の戦闘に立ってまさに突撃を敢行しようとしたとき、そばにいた大隊本部の相川軍曹が素早く敵兵を発見して金大隊長をだきとめ、かわりに自分が飛び出した瞬間、隠れていた支那軍の一斉射撃を浴びて、大隊長の身代わりとなって敵弾に倒れました。金少佐はかろうじて一命をとりとめ、相川軍曹に感謝しつつ再度先頭に立って高地を占領したのです。

この戦闘で連隊の死傷三百人中、金大隊は戦死四十人、負傷者九十三人を出しており、いかに勇猛果敢に戦ったかを示しています。支那軍ではその後「金錫源部隊と遭遇したら戦うより逃げろ」という指示が出たとのことです。金錫源はその著書『老兵の恨』の中で、身代わりとなった相川軍曹について感謝の意を込めてこう記述しています。

「私の身代わりとなって助けてくれた相川軍曹は、入院してから十日後、天津陸軍病院で私の手をしっかりと握ったまま、静かに息を引き取った」

当時の日本の軍隊では、日朝の間に民族の壁など一切なかったことが、この逸話からもよく分かります。

朝鮮人志願兵の活躍

支那事変では金錫源少佐の他にも、李應俊《イウンジュン》中佐、劉升烈《ユスンヨル》少佐、白圭錫《ベクギュソク》少佐、劉寛熙《ユクァンヒ》大尉、厳《オム》柱明《チュミョン》中尉など、日本の陸軍士官学校出身の朝鮮人士官が勇戦しています。金錫源少佐の活躍もあり、朝鮮半島では「自分も日本軍に入って戦いたい」と多くの若者が血書を持って入隊を志願しました。これを受け入れられずに自殺した人がいたことは前述の通りです。

これに対応するために、一九三八年より「朝鮮人特別志願兵制度」が設けられ、陸軍士官学校に入らずとも日本軍人になれる道が開かれました。朝鮮総督府情報課が編纂した『新しき朝鮮』には、志願兵・李仁錫《イインソク》一等兵の支那事変における次のような逸話が載っています。

「李仁錫一等兵も最後まで奮戦したが『李一等兵出てはあぶない』と制止する分隊長の声を聞きながら、身近に迫って来た敵兵に銃剣をかざして飛び込もうとした瞬間惜しくも手榴弾の爆片を受けてその場に倒れ、ついに最後を知るや戦友の手にとられ『天皇陛下万歳』を奉唱して半島志願兵最初の戦死を遂げたのであった。後で『その戦死の様はまことに壮絶、志願兵として立派なものでした』とわざわざ部隊長が朝鮮総督府あてに報告してきている」（彼は一九三九年の南昌攻略戦における日本軍戦死者五百名の一人でした）

第九章　アメリカが仕掛けた大東亜戦争

日米開戦に熱狂した朝鮮の人々

一九四一年十二月八日、大東亜戦争[38]が始まると、朝鮮の人々は内地の日本人に勝るとも劣らぬほど熱狂し「聖戦完遂」に立ちあがりました。まず、戦後は韓国の商工部長官（大臣）にもなった詩人の朱耀翰《チュヨハン》の「ルーズベルトよ答えよ」という演説から紹介しましょう。

「正義人道の仮面を被り、搾取と陰謀をほしいままにしている世界の放火魔、世界第一の偽善君子、アメリカ合衆国大統領ルーズベルト君。……君は口を開けば必ず正義と人道を唱えるが、パリ講和会議の序文に、人種差別撤廃文案を挿入しようとした時、これに反対し削除したのはどこの国であり、黒人と東洋人を差別待遇して同じ席にもつかせず、アフリカ大陸で奴隷狩りを、あたかも野獣狩りをするが如くしたのはどこの国のものであったか。……しかし君らの悪運は最早尽きた。……一億同胞……なかんずく半島の二千四百万は渾然一体となって大東亜聖戦の勇士とならんことを誓っている」

ではここまで朱耀翰がその完遂を訴えた大東亜戦争とは、いったいどのような戦争だったのでしょうか。日本人と韓国人が歴史認識の洗脳から脱するためには、この戦争に至った経緯とその実態をしっかりと振り返ってみなければなりません。

（注38）「大東亜戦争」は昭和十六年十二月十二日に閣議決定された先の大戦に対する日本側の正式呼称。戦後ＧＨＱは「太平洋戦争」という呼称を日本側に強要した。「大東亜戦争」という名称を使用されるとアメリカが戦争を仕掛けたことや、日本の戦争目的が自衛のためであったこと、そして何より日本の戦争に大義があったことが露呈するからである。

遠因はアメリカの「人種差別」と「支那大陸進出」の野望

大東亜戦争の遠因の一つは、朱耀翰が指摘しているようにアメリカの「人種差別」にあります。日露戦争で日本が勝利したことは、白人の植民地支配に喘《あえ》ぐ有色人種に大きな希望と自信を与えましたが、その一方で欧米では白人主体の世界秩序を日本によって覆されるのではないかという「日本警戒論」が台頭しました。

第一次大戦後のパリ講和会議で国際連盟の設立が協議された折り、日本は国際連盟の規約に人種差別の撤廃条項を入れることを強く主張しました。国際会議の場で「人種差別撤廃」を訴えたのは日本が世界で初めてでした。しかし、採決で賛成十一／反対五で賛成多数を得たものの、議長であったアメリカ大統領ウィルソンが「全会一致でなければ認められない」として強引に否決してしまいました。有色人種である日本の思うままには絶対にさせないという、白人としての危機感と強い差別意識があったからに違いありません。

アメリカに移民した日本人に対しても激しい差別が加えられました。日系移民は低廉な賃金で勤勉に働くことから、アメリカの一般労働者から目の敵にされるようになり、日本人漁業禁止令や児童の就学拒否など、数々の排日運動が起こりました。

一九二二年にはアメリカ最高裁が日本人の帰化申請を棄却して「日本人のような黄色人は帰化不能外国人であって帰化権はない」という、人種差別丸出しの判決を下しました。しかもこの判決では既に帰化している日本人の権利まで剥奪できることにしたのです。さらに、一九二四年には「一九二四移民法（排日移民法）」が制定され、日本からの移民が禁止されました。こうして日米間の感情的対立は、どんどん増幅して行きました。

次に二つ目の大東亜戦争の遠因は、支那大陸進出に出遅れたアメリカが、何とか満洲や支那の利権を手に入れたいと狙っていたことです。日露戦争後に日本がポーツマス条約でロシアから南満洲鉄道の利権を引き継いだ際は、アメリカの鉄道王エドワード・H・ハリマンがさっそく乗り込んできて、戦費借金の返済で苦しんでいた日本に共同経営を持ちかけました。満洲の至るところに鉄道を敷き、ついでに鉄道守備隊も送り込んで一挙に満洲をアメリカの勢力下に納めようとする算段が見え隠れしており、日本はこれを拒否しています。

しかし、その後もアメリカは手を変え品を変えて満洲に手を出して来たのです。一九〇七年には法庫門鉄道案[39]、一九〇九年には、錦愛鉄道案[40]および満洲銀行設立案、一九一〇年にはアメリカの主張である門戸開放・機会均等の名分のもとに、日本の満洲での優位を覆すべく、「満洲諸鉄道中立化案」[41]を発表しました。

これらはそれぞれの事情で実現しませんでしたが、それでもアメリカの満洲進出の野望は衰えることがなく、日本の主導による満洲国建設も絶対に認めようとはしませんでした。

（注39）新民屯から法庫門、さらにチチハルまで満鉄に並行する路線を米英資本で敷設しようとしたもの。「満鉄の並行路線は敷設しない」という日支間の約束があり実現せず。

（注40）錦愛鉄道は渤海湾の錦州から西部満洲を経て、黒竜江岸の愛輝に至るもの。主導者のハリマンの死亡により頓挫。

（注41）満洲における日本およびロシアの鉄道を日本、ロシア、イギリス、アメリカ、ドイツ、フランスの六カ国の資本より成るシンジケートにおいて買収する案。日露英の反対で実現せず。

ブロック経済で輸出先を失った日本

一九二九年に世界大恐慌が起こるとアメリカは自国産業保護に走り、一九三〇年スムート・ホーリー法で、二万品目に四〇～五〇％の関税をかけ、保護貿易政策をとりました。当時日本の全輸出の四二・五％がアメリカ向けでしたので、日本にとっては大打撃でした。更に植民地を大量に保有しているイギリスやオランダもブロック経済を形成して、日本製品を締め出したのです。

この頃、日本の輸入に必要な外貨は、主に日本の軽工業品（生糸と綿製品）をアメリカ、イギリス、オランダなどへ輸出して得たものでした。高関税やブロック経済に阻まれて輸出ができず、外貨を稼げなくなれば、資源も食物も輸入できなくなります。そこで日本は、生き延びるために満洲に活路を求めると共に、支那と経済関係を深め、日・満・支による「東亜新秩序」

を打ち立てることで共栄を図ろうとしたのです。

しかし、それを許さない勢力が二つありました。支那（満洲を含む）の共産化を狙うコミンテルン、そして満洲や支那の権益を狙っているアメリカとそれに追従するイギリスです。

前述のようにコミンテルンは支那共産党に対して、蒋介石の支那軍と日本軍とを戦わせ、双方疲弊させた上で支那全体を赤化する戦略を支那共産党に指示していました。

また、アメリカは日支間の連携を阻むために徹底的に蒋介石を支援して支那事変を長引かせ、将来の日米戦までも想定して日本の国力を消耗させようとしました。「有色人種のくせに生意気な日本」をいずれ排除して、東アジアにおける利権を獲得しようとしたのです。このようなコミンテルンやアメリカの策謀によって、日本は支那事変から足が抜けなくなって行きました。

ルーズベルトがこうして日本を追い詰めた

支那事変が始まると、アメリカはここぞとばかりに支那を応援し、戦車、飛行機、銃砲、弾薬など大東亜戦争開始前だけでも一億七千万ドルの援助をしています。

一方、日本に対しては、一九三九年七月二十六日、対日戦略物資（石油、鉄、金属など）の禁輸を実施するために「日米通商航海条約」の破棄を一方的に通告し、経済制裁を開始したのです。その後アメリカ大統領ルーズベルトは対日強硬政策を次々に打ち出し、日本を追い詰めて行きます。時系列的に示すと次の通りです。

一九三九年　一月　・日本に対し航空機およびその部品の道義的禁輸（モラルエンバーゴ）
　　　　　　七月　・日米通商航海条約破棄を通告
一九四〇年　五月　・アメリカ主力艦隊を西海岸からハワイへ移駐
　　　　　　七月　・国防強化促進法成立（大統領の輸出品目選定権限）
　　　　　　八月　・鉄・屑鉄の輸出許可制
　　　　　　　　　・航空機用燃料の西半球以外への全面禁輸
　　　　　　九月　・屑鉄の全面禁輸
　　　　　　　　　・重慶蒋介石政府に二千五百万ドル借款供与
　　　　　十一月　・重慶蒋介石政府に一億ドル借款供与発表
　　　　　十二月　・工作機械四十一品目の輸出許可制（事実上の対日禁輸）
　　　　　　　　　・あらゆる鉄鋼製品の輸出許可制（事実上の対日禁輸）

一九四一年　六月　・イギリスが重慶蒋介石政府に一千万ポンド借款供与
　　　　　　　　・石油の輸出許可制（対日輸出削減）
　　　　　七月　・日本の在米資産を一方的に凍結（イギリスもこれに追従し、在英資産凍結。日英通商航海条約破棄を通告。オランダも日本資産凍結、日蘭石油民間協定停止を公表）
　　　　　　　　・ルーズベルトが支那への義勇空軍フライングタイガーズ部隊貸与を許可[42]
　　　　　八月　・石油の対日全面禁輸

　当時日本は、戦略物資である鉄鋼類の七〇％、石油の輸入量の八〇％、工作機械類の六六％をアメリカから輸入していたのです。八月にはアメリカが石油対日全面禁輸に踏み切り、この時点で米英蘭支による、いわゆる「ＡＢＣＤ包囲陣」が完成、日本の貿易は満洲・支那・仏印・泰《タイ》を除き杜絶状態となりました。もはや石油の一滴も、鉄鋼原料も手に入りません。ここまでやられては、日本は破滅する以外にないでしょう。

　一九二八年のパリ不戦条約を主導した一人であるアメリカのケロッグ国務長官は、この条約をアメリカ議会で批准する際、「経済封鎖」は「戦争行為」と認定しています。さらに戦後の東京裁判では、ローガン弁護人も次のように弁護しています。

「一国からその生存に必要な物資を剥奪することは、確かに爆薬や武力を用い強硬手段に訴えて人命を奪うのと変わることのない戦争行為であります。……在来の敵対行為として用いられた方法と同様、確実にこれを敗北せしめることになるからであります。そしてこの方法は緩慢なる餓死という手段で、おもむろに全国民の志気と福祉を減殺することを目的とするものでありますから、物理的な力によって人命を爆破し去る方法よりも一層激烈な性質のものであるということができます」

ＡＢＣＤ包囲陣形成の段階で、既に日本は戦争を仕掛けられていたのであり、真珠湾攻撃は日本国による反撃と見なすのが正しい歴史観ではないでしょうか。

（注42）ルーズベルトは「義勇軍」の名目でアメリカ空軍パイロットを支那軍に合流させた。真珠湾攻撃以前に、アメリカは既に日本に対する軍事行動を起こしていたことになる。

七重の膝を八重に折って和平を求めた日本政府

いくら東アジアの利権にこだわっていたとはいえ、なぜルーズベルトはここまで一気に日本を追い詰めたのでしょう。欧州では一九三九年ドイツのポーランド侵攻で第二次世界大戦が勃発《ぼっぱつ》し、イギリスはドイツに苦戦しており、アメリカの参戦を切望していました。しかし、「戦争は絶対しない」ことを公約に掲げて大統領に当選したルーズベルトは、よほどの大義名分がなければヨーロッパ戦線に参戦することはできません。一九四〇年四月の世論調査では、九七％が参戦反対でした[43]。そこでドイツ・イタリアと三国同盟の関係にある日本をとことん追い詰めて、日本側からアメリカに宣戦布告させるように仕向けたのです。アメリカが攻撃されることで、対枢軸国（ドイツ・イタリア・日本）の戦争に〝いやおうなく〟参戦せざるを得ないという状況を作り出すためでした。これこそまさに大東亜戦争の近因と言えるでしょう。

そうとは知らない日本は、いくら譲歩しても全く妥協しないアメリカに苦慮していました。一九四一年七月に発足した第三次近衛内閣では外務大臣を、三国同盟の推進者でアメリカに嫌われていた松岡洋右[44]から、対米協調派の豊田貞次郎海軍大将に挿《す》げ替えました。

さらに近衛首相は「かくなる上は自分がルーズベルトと直接あって胸襟を開いて話をする以外ない」と考え、陸海軍の賛同も得て、アメリカ側にトップ会談を申し込みました。天皇陛下も近衛首相の決断を喜び、速やかに会見をするよう督促されています。しかしこの申し入れを受け取った国務長官のコーデル・ハルは「日本の政策に変更がない限り大統領に取り次いでも意味がない」といって、日本側の必死の願いを、にべもなく断ったのです。

日本には時間がありません。軍艦を動かすにも飛行機を飛ばすにも石油が必要です。その石油の備蓄はすでに二年を切っており、一日一日減り続けています。軍事力がなくなれば交渉力もなくなり、全面屈服するしかなくなります。

このため日本としては石油の残量をにらみながら交渉の最終期限を区切らなければなりません。そこで九月六日に御前会議を開き、交渉期限を十月いっぱいと決めました。しかし、その後の交渉もアメリカの頑なな態度によって全く進展しません。もともとアメリカには交渉をまとめる気はないのですから、どんなに日本が譲歩しても無駄だったのですが、近衛内閣は交渉難航の責任を取って総辞職しました。

それを引き継いだのが東條英機首相です。天皇陛下は首相任命に際して「九月六日の御前会議の決定に従う必要はない。対米戦争回避に尽力するように」と東條に直接話されました。これに応えるべく東條は、日本として譲れる最終ぎりぎりの妥協案として甲案と乙案を作り、最後の望みをかけてこれをアメリカに提示しました。

甲案とは、日米間で争点となっている四点について日本が大幅に譲歩したもので、次の通りです。

① 通商無差別　米国伝統の門戸開放主義を全世界に適用するのなら（支那事変中であって

も）支那への適用を認める。

②三国同盟　アメリカが対独参戦したからと言って日本は自動的に対米開戦はしない。

③支那撤兵　支那に派遣した日本軍は事変解決後、北支蒙疆《ほくしもうきょう》の一定地域と海南島に防共のため所要期間（約二十五年）駐兵させるが、他は平和成立と共に撤兵を開始し、治安確立と共に二年以内に撤兵を完了する。

④仏印撤兵　仏印派遣の日本軍[45]は支那事変の解決あるいは公正な極東平和の確立と共に直ちに撤兵する。

乙案とは、甲案をアメリカが受け入れない場合、日本は南部仏印進駐以前の状態に戻り、アメリカもまた日本資産凍結の廃止や重要物質輸出解禁など、我が国の最小限度の要求を認め、それによって戦争発生を未然に防ぐための暫定協定案でした。

この日本側の譲歩案について、戦後の東京裁判における日本側弁護人のブレークニーは、次のように語っています。

「日本が真に重大なる譲歩を行ったのは東條内閣が交渉の再検討をした最初の成果、すなわち甲案であった。証拠の分析は、日本がただあらゆる点において譲歩したに止まらず、譲歩に譲歩を重ね、ついに譲歩の極に到達したことを証するものである」

そして、これをまとめた東條首相は「この案でなんとか妥結を図りたいと神かけて祈っている」と佐藤軍務課長にその胸中を吐露しています[46]。

（注43）『ルーズベルトは米国民を裏切り日本を戦争に引きずり込んだ』青柳武彦（ハート出版）

（注44）松岡洋右は三国同盟にソ連を加えて四国同盟とすることで、アメリカとの戦争を避けられると考えていた。一九四一年六月にドイツがソ連に攻め入ったことで、この構想は完全に破綻した。

（注45）仏印派遣の日本軍（仏印進駐）＝日本は一九四〇年九月にフランスのヴィシー政権との合意の上で、援蔣ルート（米英などが蔣介石軍への支援物資を送るルート）を断つために北部仏印に進駐した。さらに一九四一年六月には、これも同政権と合意の上、南部仏印に進駐した。日本は米英蘭の対日禁輸処置が強化される中で、南部仏印を経由して東南アジアのゴムや錫などの資源を輸入していたが、米英側が進駐すれば日本はこれら必要資源が全く手に入らなくなる。そのような事態を回避し、合わせて援蔣ルートの一部を断つために日本軍を南部仏印へ進駐させる必要があった。当時の国際通念上、自衛処置の限度を逸脱するものではなかったが、米英はこれを「日本軍の南方進出拠点にするつもりだ」と曲解して激しく反発した。

（注46）『大東亜戦争への道』中村粲（展転社）

アメリカの宣戦布告「ハルノート」

しかし、日本を戦争へ追い込もうとしているアメリカを相手に、東條首相の祈りは通じませんでした。十一月二十六日、ついに運命の「ハルノート」が届いたのです。それまでの交渉を全て白紙化した上に、新たに日本が受け入れられない条件まで追加しています。全部で十項目ありますが、次の三つは「ハルノート」がまさに日本への「最後通牒」であることを意味していました。

第一は、全支那（満洲を含む）から日本の軍や警察は即時撤退せよと要求しています[47]。これを受ければ満洲の治安は大混乱となり、匪賊化した張学良の軍隊や共産ゲリラなどによって通州事件のような惨劇があちこちで繰り広げられるでしょう。

さらにアメリカの恫喝で日本軍は逃げ帰ったと判断した支那人は、上下を挙げて排日侮日行為を激化させ、日本人は大陸の全ての資産を放棄して、命がけで引き揚げなければなりません。これで大陸での日本のあらゆる権益も失われます。戦争で負けたと同じことです。

第二は、軍や警察の引き揚げのみならず満洲政府そのものを否認せよという要求です[48]。満洲民族の愛新覚羅溥儀を皇帝に奉じ「王道楽土」「五族協和」の理想のもとに多くの人材と資金をつぎ込んで建国途上にあった、日本の生命線ともいえる満洲国をどうして否認できるでしょう。日本人の国民感情が許すはずがありません。しかも当時、国連加盟国が五十カ国程度だった時代に、満洲を承認していた国が「準承認国」の三カ国を含め十八カ国に上っています。中でも率先して承認したのはヴァチカンでした。北欧のフィンランドもデンマークも承認しています。日本がアメリカの要求を受けて満洲国を否認すれば、これらの国から信義を問われるばかりか、日本は戦わずしてアメリカに屈服したことを世界的に宣言することになります。

第三は、日本が承認している南京政府を否認せよという要求です。南京政府は国民党の中で和平派の中心人物であった汪兆銘が、徹底抗戦を続ける蔣介石とたもとを分かち、一九四〇年三月に樹立しました。日本はこの南京政府を承認し、同政府との間で「日華基本条約」を締結しています[49]。これによって支那側が長年求めてきた日清通商航海条約などの不平等条約も全て是正されました。

汪兆銘は日本政府の「東亜新秩序建設」の訴えに応じ、「支那人民の安寧」のために、決死の思いで重慶を脱出してきた愛国者でした。その彼が打ち立てた政府を日本が否認すれば、政権は潰れ、彼の周りに集まった親日的な人々が「漢奸」[50]とされ、蔣介石の支那軍によって皆殺しになります。これはメンツにおいても信義においても、とてもできることではありませんでした。

このハルノートについて、当時ルーズベルト政権で国務次官を務めたサムナー・ウエルズは回想録で「一九四一年十一月二十六日の午後、ハル国務長官は、対日休戦や和解の全ての考えを放棄し、十カ条からなる最後形式の提案――ハル覚書――を日本に手渡した。大統領も彼も、この提案を日本が拒否することを知っていた。そこには妥協や融和の考えは全くなかった」と証言しており、駐日大使だったジョセフ・C・グルーも回顧録で「このとき、開戦のボタンは押されたのである」と述べています[51]。

「ハルノート」によって日本は完全に追い詰められました。もはや戦うか全面屈服か、いずれかしか道は残されていません。東京裁判においてただ一人、被告全員の無罪を主張したインド代表のパール判事は、その意見書の中で次のように述べています。

「今次大戦について言えば、真珠湾攻撃の直前に米国国務省が日本の政府に送ったものと同じような通牒を受け取った場合、モナコ王国やルクセンブルク大公国でさえも、合衆国に対し、戈《ほこ》を取って立ちあがったであろう」

当時、太平洋における日米の陸海軍力を比較すれば、まだ日本側の戦力が上回っていました。山本五十六元帥も「半年から一年は暴れてご覧にいれる。但しその後は責任が持てない」と発言しています。このまま座して死を待つわけにはいきません。短期決戦でアメリカ軍に相当の打撃を与えれば、アメリカ国民に厭戦の世論が広がり、日本側に有利な情況で戦争を終結できるかも知れない。そこに日本は望みをかけるしかなくなったのでした。

永野修身《おさみ》海軍軍令部総長は、次のように悲壮な気持ちを述べています。

「米国の主張に屈すれば亡国は必至であろうが、戦うもまた亡国であるかも知れない。すなわち戦わざれば亡国必至、戦うもまた亡国を免れぬとすれば、戦わずして亡国にゆだねるは、身も心も民族永遠の亡国であるが、戦って護国の精神に徹するならば、たとい戦い勝たずとも祖国護持の精神が残り、我等の子孫は必ず再起再三するであろう」

（注47）（注48）『大東亜戦争の真実　東條英機宣誓供述書』東條由布子編（ＷＡＣ）
（注49）日本政府は南京政府承認後も蒋介石に対して、同政府に合流するよう和平を呼びかけている。
（注50）「漢奸」とは中華民族の中で進んで異民族や外国の侵略者の手先となった者。支那事変を通して「漢奸狩り」が中国全土で行われ、日本に留学した者、日本と取引をしている者、さらに日本のことを好意的に言った者まで、何の証拠も無しにスパイとして残虐な手段で処刑された。上海や南京では連日数十人単位で惨殺され、南京では支那事変勃発から南京陥落までに二千人以上が殺されたという情報もある（ウィキペディアフリー百科事典）。
（注51）『世界が語る大東亜戦争と東京裁判』吉本貞昭（ハート出版）

大東亜戦争に立たなければどうなったか

「経緯はどうあれ、日本が戦争さえ起こさなければ、二百数十万におよぶ国民が犠牲にならないですんだはずだ」空想的反戦主義者はそう主張するかも知れません。しかしその人たちは戦わずして屈服した後の日本の悲惨な姿を考えたことがあるのでしょうか。

占領軍総司令官だったマッカーサーは、一九五一年五月三日の上院軍事外交合同委員会の公聴会で、次のように述べています。

「彼ら（日本）には、綿が無く、羊毛が無く、石油製品が無く、スズが無く、ゴムが無く、その他にも多くの資源が欠乏している。それらすべてのものは、アジア海域に存在していた。これらの供給が断たれた場合には、日本では、一千万人から一千二百万人の失業者が生まれるという恐怖感があった。したがって、彼らが戦争を始めた目的は、主として安全保障上の必要に迫られてのことだった」

当時陸軍内部には北一輝や大川周明などが唱道する国家社会主義思想がかなり浸透していました。満洲を失い、かつ内地に一千万人の失業者が発生すれば、経済が崩壊し、治安が乱れて日本政府の権威は地に落ちます。そうなれば若手軍人が蹶起して二・二六事件の何十倍の規模の革命が起きたでしょう。彼らが目指すのは「一君万民」の実質的共産主義体制です。

一方、コミンテルンの指令で、日本共産党が失業者を煽って共産革命を起こすことも当然予想されます。いずれの場合も内戦となって二百数十万人どころか一千万人単位の犠牲者が出た可能性があります（ロシア革命、中国の大躍進運動、文化大革命の例をみれば明らか）。しかも外敵から国を守るための戦いではなく、日本人同士が血で血を洗う悲惨な革命であり、日本の誇るべき文化伝統は完璧なまでに破壊され、日本は二度と起ち上がれなくなったでしょう。当時の指導者が止むを得ず日米開戦に踏み切った大きな理由の一つが、そこにあります。

もしそれでも「日本は無謀な戦争に突入すべきでなかった」というのであれば、戦争を避けて、しかも内乱も起こさずに現在の日本の繁栄をどう築けたか、代案を示すべきです。結果から批判するのは容易《たやす》いことです。当時の日本の立場に身を置き、歴史を追体験して、自分だったらこうしたという代案を示さない批判は、祖先を冒涜する以外の何物でもないでしょう。

第十章　日朝が共に戦った植民地解放戦争

覚悟を決めた朝鮮の人々

ＡＢＣＤ包囲陣によって資源調達の道が絶たれた日本が生き残るためには、資源の豊富なアジア地域を白人の植民地から解放して各民族を独立させ、日本のリーダーシップの下に共存共栄の経済圏を打ち立てる以外にありません。大東亜戦争の目的は、まさにそこにありました。日本軍が進出すると、植民地支配に喘ぐアジアの人々は、欧米の侵略軍と戦う解放軍として熱狂的に迎えてくれました。そこで日本が目指したのは、領土の拡大ではなく、満洲での「五族協和」の理念をさらに広げて、アジア人が手を繋いで共に栄える「大東亜共栄圏」の建設だったのです。

開戦に至るまで朝鮮の人々も日米会談を固唾《かたず》を飲んで見守り、米国の非妥協的で不遜な態度に切歯扼腕《せっしやくわん》していました。「米英撃つべし」の声が日増しに高まり、一九四一年十月二十二日には朝鮮臨戦報国団（以下、報国団とする）の結成大会が開催されています。この大会には各道の発起人代表ら六百名が参加し、開会の辞を崔麟、司会を高元勳《コウォンフン》、経済報告を李晟煥《イソンファン》が受け持ち、皇軍への感謝決議文などを採択すると共に、次の綱領を可決しました[52]。

一、我等は皇国臣民として皇道精神を宣揚し思想統一を期す。
二、我等は戦時体制に即して国民生活の刷新を期す。
三、我等は勤労報国の精神に基づき国民皆労の身を挙げんことを期す。
四、我等は国家優先の精神に基づき国債の消化、貯蓄の励行、物資の供出、生産の拡充に邁進せんことを期す。
五、我等は国防思想を普及すると同時に一朝有事の秋《とき》には義勇防衛の実を挙げんことを期す。

そして運命の十二月八日、ついに大東亜戦争の火蓋が切られました。真珠湾に香港にマレー半島に、皇軍の向かうところ敵なしです。朝鮮の人々はその破竹の進撃に熱狂しました。報国団は開戦間もない十二月十四日に「朝鮮臨戦報国団全鮮大会」を開き、戦時下の思想統一の具体的方針と軍需資材の献納運動を決議しました。これに続いて同団が開催した米英打倒大講演会では、次のような人々が論壇に立ち、それぞれの決意を述べています[53]。

■**金《キム》東煥《ドンファン》**『**敵が降伏する日まで**』

「我等の敵、蒋介石政権をはじめ米英をこの地上から撃滅しなければ、今日の配給米も安心して頂くことができない有様である」

■**李光洙**『**一怒而安天下**』

「米英文明は今や末世を告げる時を迎えている。ひとたび正義をかざして立ち上がった我が皇軍の一怒に彼らの仮面ははがされ……」

■**李晟煥**『**打倒米英侵略主義**』

「貪欲の牙城、白人帝国主義の張本人米英を今こそ撃滅せずしては、我等の子孫の発展を望むことはできない」

■**朱耀翰**『**ルーズベルトよ答えよ**』

（112頁で引用）

朝鮮の女性たちも立ち上がり、十二月二十七日に報国団主催による「決戦婦人大会」が開催されました。弁士と演題の一部は次の通りです[54]。

■**朴《パク》仁徳《インドク》『開会の辞および司会』**

「いまやわれわれ千五百万の女性が堂々たる皇国の女性として天皇陛下に忠誠を尽くす千載一遇の時期であります」

■**任《イム》淑宰《スクチェ》『家庭の新秩序』**

「私たちの家庭は戦場である。私たちは戦士である。……戦士である私たちはまず私たちの衣食住を決戦体制に直さなければならない。……長いチマの裾をかかえて歩いていてどうして戦士の行為ができようか」

■**林《イム》孝貞《ヒョチョン》『迷夢から醒めよう』**

「なぜ息子を志願兵に出さないのか。いまはわれわれは、われわれの血まで、われわれの体まで、すべてのものをこの戦争に供物として捧げなければいけない。……庶子生活を完全に捨て、天皇陛下の赤子として生きよう」

■許河伯《ホハベク》『銃後婦人の覚悟』

「私たちは指輪を捨て、心の奥底から湧きでる虚栄と奢侈《しゃし》をなくさなければならない。もしまだ虚栄の淵にさ迷っている女性がいるとすれば、それは私たちの銃後を蝕む病菌なのである」

このように、大東亜戦争開戦時に朝鮮の人々は、内地の日本人と一心同体となって戦う覚悟を決めてくれたのです。日本統治がもし残虐なものであったなら、絶対にありえないでしょう。

（注52）（注53）（注54）『親日派』林鐘国（御茶の水書房）

志願兵募集に殺到した朝鮮の若者

大東亜戦争が始まると、特別志願兵募集に朝鮮の若者が殺到しました。次頁表の通り昭和十七年には採用数四千七十七人に対し、二十五万四千二百七十三人が応募しています。実に競争倍率は六十二・四倍です。「志願兵で戻ってくれば役場の役人になれる」などのメリットはあ

年次	採用数	応募者	倍率
昭和 13 年	408	2,948	7.7
14 年	613	12,348	20.1
15 年	3,060	84,443	27.6
16 年	3,206	144,743	45.1
17 年	4,077	254,273	62.4
18 年	5,300	303,294	56.7

朝鮮における志願兵募集に対するその倍率

出典：『「植民地朝鮮」の研究』杉本幹夫（展転社）

りましたが、生きて帰れる保証はありません。大東亜戦争の大義に対する熱い気持ちが無ければ、応募するはずがないでしょう。しかも朝鮮は儒教国家であり、応募するには父母、親族の許しが必要でした。青年の一時の血気だけで志願するのは困難な土地柄です。この驚くべき倍率の陰には、大東亜戦争へ対する朝鮮民族全体の圧倒的な支持があったことが伺われます。

前出の朴贊雄氏も『日本統治時代を肯定的に理解する』（草思社）の中で次のように述べています。

「韓国の反日感情というものは、植民地後期においては上流下流の階層を問わず、全く見当たらなかったものである。この反日感情は終戦後、李承晩大統領が個人的偏見と政治的策略のもとに煽りに煽った結果である。もしその当時、韓国の一般民衆の間に反日感情が漂っていたとすれば、志願兵応募者の数が多かろうはずもなく、志願者は周囲の目をおもんぱかったであろう。募集に十五万名が殺到したとすれば、志願兵はそれこそ、朝鮮大衆の羨望の的であったに違いない」

このような高倍率を突破して合格した青年は、当然ながら優秀であり、最初から下士官クラスの能力があったといわれています。軍隊の中では階級こそがすべてであり、出身地による差別は全くありません。朝鮮出身の上官に、内地出身の兵隊は絶対服従していました。

朝鮮人将校の奮戦

大東亜戦争で朝鮮の人々はよく戦いました。軍人と軍属合わせて合計二十四万二千人あまりが戦地に赴き、日本人と生死を共にしたのです。ここでは戦場で指揮をとった朝鮮人将校の壮烈な戦いをいくつか紹介しましょう。

■崔慶禄

崔慶禄《チェギョンロク》は昭和十三（一九三八）年に志願兵第一期生として入隊。京城の龍山に駐屯していた第二十師団に配属されました。彼は陸軍准尉の時に同師団の作戦参謀であった小野武雄大佐に目をかけられ、「君は将来、朝鮮民族の指導者となるべき人だ」といって陸軍士官学校の受験を勧められました。小野大佐はあるとき写真班に命じて彼と二人並んだ写真を撮り「この写真を机の前に飾って、しっかり勉強すること。俺はいつも君の勉強ぶりを見て居るから」と手渡しました。いつしか小野大佐を父親とも慕うようになった崔准尉は、それに応えて毎日の猛訓練にも負けずに深夜まで勉強に励み、見事士官学校合格の通知をもらいました。

しかしちょうどこの時、第二十師団に東部ニューギニアへの出動命令が出され、崔准尉は悩んだ挙句、日本陸軍のエリートへの道をなげうって「大義に殉じる」ためにニューギニアに出陣したのです。昭和十八（一九四三）年三月に東部ニューギニアに到着した第二十師団は、優秀な火力を誇る十倍以上の敵を相手に敢闘して、ブナ、ラエ、サラモアなど各地を転戦、九月二十二日にラバウルと東部ニューギニアを結ぶダンピール海峡の要衝フィンシハーフェンへの攻撃を開始しました。十一月十九日の第二次総攻撃で崔准尉は切り込み隊長（小隊長）となり、部下十九人を率いて、敵が仕掛けた集音マイクを巧みに避けながら、密林の中を敵に忍び寄りました。そして先頭に立った崔小隊長は、群がる敵兵に対し日本刀を振りかざして猛然と切り込みを敢行しました。

恐れをなした敵兵は、退却しながら、自動小銃を乱射し、獅子奮迅していた崔小隊長は、至近距離から全身八カ所に敵弾を受けて倒れました。何とか生き残った伝令の出田上等兵は、腹部に被弾しながらも腹を千人針の布で縛り、動けない崔小隊長をあるいは担ぎ、あるいは引っ張り、三日かかって味方の第一線にたどり着きました。出田上等兵の傷は既に腐敗しており、そこでついに絶命しました。ひとりならば助かったかも知れません。

ちょうどその時、あの小野武雄大佐が偶然にも前線視察に来ており、負傷した崔小隊長を発見しました。驚いた彼は「崔小隊長を殺しては、陛下と朝鮮人民に申し訳がたたん！　出田上等兵はよくやってくれたと、褒めてやってくれ」と林連隊長に要請し、小野大佐の参謀肩章のついた外套を崔小隊長にかけてやりました。

参謀肩章の威力は絶大です。彼は重要人物として最優先で後方に送られ、重爆撃機でマニラの陸軍病院へ運ばれました。その後も別府、小倉、東京の陸軍病院で療養し、八カ所全てが致命的といえる傷を完全に癒すことができました。第二十師団はその後もアメリカ軍と終戦まで死闘を続け、小野大佐も壮烈な戦死を遂げました。第二十師団総勢二万五千五百九十一名のうち、復員したのは八百十一名でした[55]。

崔慶禄は終戦後、韓国陸軍に入隊し、陸軍中将に昇進し参謀総長として活躍しました。さらに駐メキシコ大使、駐英大使、駐日大使を務めており、小野大佐の目に狂いはありませんでした。

日本に外国大使が赴任する際は、皇居で天皇陛下に信任状を奉呈しますが、通常は十分で終わるそうです。ところが異例中の異例で、かつての大元帥陛下と切り込み隊長は四十分も話し込んだそうです。彼はその内容を語りませんが、小野大佐や出田上等兵のことも陛下に報告されたのではないでしょうか。きっとお二人の間に熱いものがこみ上げたことでしょう。

■金永秀

支那事変で活躍した金錫源大佐には三人の男児がありました。長男は金永秀《キムヨンス》といい日本の陸軍士官学校第五十七期卒業で朴正熙元韓国大統領と同期でした。少尉に任官するや「俺の親父は偉い。有名人だ。その七光りで内地にいると思われたくない」と父親が高級軍人あるがゆえに第一線に出されないことを潔しとせず、自ら志望して船舶兵科に転じました。

さらに船舶特別攻撃隊員に志願して、海上挺身第十四戦隊第三大隊長としてフィリピンに赴きました。乗艇の四式肉薄攻撃艇がアメリカ軍の空襲で焼失し、やむを得ず地上部隊としてルソン島各地を転戦し、昭和二十（一九四五）年四月十六日、バタンガス州マレブンヨ山のアメリカ軍陣地を、中隊の先頭に立ち軍刀をふるって攻撃中、敵弾により壮烈な戦死を遂げました[56]。

こうして金永秀大尉（戦死後大尉昇進）は靖国神社の英霊として祀られ、父親である金錫源氏も戦後たびたび靖国神社に参拝しています。昭和五十五（一九八〇）年には東京市ヶ谷にある偕行社（旧陸軍将校および自衛隊将校ＯＢの会）の総会に招かれ、「自分の長男は戦争に参加して戦死した。それは軍人として本望である。本人も満足であろう」と挨拶しました。並み居る旧日本軍人たちも、「金錫源将軍」に軍人精神の神髄を見て感動したそうです。

■**金貞烈**

金貞烈《キムチョンヨル》大尉はパイロットとして大活躍をしています。彼の実家は「慶州金氏」という両班で李朝時代に五代続けて武官となった名門です。父親も伯父も日本の陸軍士官学校を出ており、彼自身もその五十四期生で航空士官学校戦闘機科を抜群の成績で卒業しました。

大東亜戦争では、緒戦のフィリピン進攻作戦に出撃して勇戦し、その後、明野陸軍飛行学校甲種学生を卒業して、同期の中で最初に中隊長に抜擢されました。戦線に復帰した彼は、当時の最新鋭戦闘機「飛燕」の戦隊長として、南部スマトラ基地でパレンバン、ジャワなどの防空任務につき、数々の武勲を立てて「撃墜王」と呼ばれました。

彼は日本軍大尉として終戦をプノンペンで迎え、昭和二十一年に韓国に帰国。韓国軍に入隊し、空軍士官学校の校長などを歴任しながら空軍の独立に尽力し、韓国空軍初代参謀総長に就任。「韓国空軍の生み親」といわれ、国防大臣から最終的に総理大臣まで上り詰めています。

■**崔鳴夏**

陸軍士官学校第五十二期卒業の崔鳴夏《チエミヨンハ》（日本名＝武山隆）も、優秀なパイロットでした。航空将校となった彼は飛行第六十四戦隊（通称「加藤隼戦闘隊」）に配属され、加藤隊長の僚機を務めています。昭和十七（一九四二）年一月二十日、加藤隼戦闘隊はスマトラ島バカンバル飛行場を急襲し、武山機は加藤隊長と共に超低空で攻撃しました。この時エンジンを撃ち抜かれた武山機は、翼を振って隊長機に別れを告げると不時着を決行。ガソリンに点火して愛機を燃やすと、攻めて来たオランダ兵と拳銃で応戦し、最後は拳銃をこめかみに当てて自決しています。

（注55）（注56）『丸』一九九五年十二月号「最後の日本刀」高橋文雄

朝鮮志願兵の証言「日本は強かった」

次に、下士官や整備兵として戦った朝鮮人志願兵の経験談も紹介しましょう。

■金鐘萬

金鐘萬《キムジョンマン》は一九一九（大正八）年に忠清南道で生まれ、特別志願兵として陸軍特別士官訓練所に入所。大東亜戦争が始まるとラバウル第八方面軍に派遣され、ラバウル飛行場の守備にあたりました。彼によれば日本のパイロットは大変優秀で、敵編隊が来る前にはるか高度高く旋回し、次々と敵機を撃墜したといいます。やがて戦況が不利となり、昭和十八年に激しい空襲を受けて壕の中で生き埋めとなり、それを戦友たちが「富金軍曹（金鐘萬の日本名）はここに居るぞ」と必死になって掘り出したそうです。

彼は日本軍として戦ったことを今でも誇りに思っていて「日本軍は強かった。本当に強かったですよ。日本軍の教育を受ければどんな軍隊でも本当に強くなる。それは今でも確信しています。国民が国のために命を捨て、一致団結する精神を持てば強くなる。この真理は変わらないです」と語っています[57]。

■ソン・テス

ソン・テスは一九二五（大正十四）年生まれ。昭和十九年二月、学徒兵に志願し、鎮海訓練所で整備兵の教育を受け、鹿児島県鹿屋航空基地に特攻隊の整備兵として配属されました。彼は当時の思い出を次のように語っています。

「鹿屋基地は三つの滑走路が七キロぐらいあり、戦闘機が同時に何機も離着陸できる大きな滑走路でした。ゼロ戦は空中では強い飛行機でしたよ。私たちは、飛行機がどこか壊れたときとか付属品で修理をしなければならない時などは、敵機に備えて飛行機の上に偽装幕を張って修理をしましたよ。だんだん飛行機も不足してきて、軽飛行機に爆弾を二百五十キロ積んで出航したこともありましたが、離陸の時に、重さに耐えられず墜落したこともあります」

「私たち自身の待遇はよかったですよ。それは特攻隊の人たちには、日本国からおいしいお菓子や高級タバコなどは配給されたのですが、彼らはそれを私たちに随分譲ってくれたんです」

彼の話から、日本人の特攻隊員と朝鮮の整備兵が当時は全く普通に交流していたことがよく分かります。彼は昭和二十年十月末に韓国に帰国。戦後は工場の経営などをしながら生計を立て、日本の靖国神社にも二回参拝したそうです。靖国神社の遊就館で展示された飛行機を前に、「戦争中は私もこの飛行機の整備をしたのですよ」と話し、閲覧者たちに大変喜ばれたといいます。「靖国神社に対しては、確かに東條英機とかは私は間違った指導者だと思うけど、あの戦争を戦い国のために死んで行った人たちがいるからこそ、いまの日本があることは事実だと思います」彼は感慨深げにそう語っています[58]。

東條首相への評価はともかく、国のために戦死した人を顕彰する気持ちは世界共通なのでしょう。日本の首相は堂々と靖国神社に参拝して欲しいものです。

（注57）（注58）『正論』平成二十年二月号「あの戦争を『日本兵』として戦った朝鮮人の追憶」三浦小太郎

冤罪で処刑された朝鮮人

平成七（一九九五）年八月十五日、時の総理大臣、村山富市氏は「多くの国々、とりわけアジア諸国の人々に多大の損害と苦痛を与えました……ここにあらためて痛切な反省の意を表し、心からのお詫びの気持ちを表明いたします……」という談話を発表しました。これでは大東亜戦争は日本による侵略戦争となり、戦死した日本の軍人は全て「犬死に」となります。歴史に対する無知もさることながら、この人には祖国に対する愛情の一かけらもないのでしょう。首相という立場を利用して、日本に「犯罪国」の入れ墨を彫ったのです。

中でも許せないのは、戦犯として一千名以上の同胞が処刑台の露となったことを顧みもせずに、「あらためてお詫びの気持ちを表明します」とお気楽に謝罪したことです。

もし償うべきことがあったとしても、日本はこれだけたくさんの「同胞の命」を、そのために捧げているではありませんか。しかもその中には冤罪で無念の死を遂げた人も数多くいました。村山氏はこの人たちの犠牲をいったい何と心得ているのでしょうか。

　戦後連合国は、我が国の将兵をＢＣ級戦犯として一方的に軍事裁判にかけました。実態は戦勝国による復讐裁判であり、弁護側の証拠は一切無視され、検察側の主張どおりの判決が出されました。こうして一千人以上が処刑され、百人あまりが収容所での残虐な拷問によって死亡したのです。その後の調査で、処刑された人の三分の一以上が冤罪であることが分かっています[59]。

　そして死刑となった「日本人」の中には、朝鮮出身者が二十三人も含まれていました。その内の一人がフィリピンで処刑された洪思翊《ホンサイク》中将でした。彼は一八九〇年に漢城で生まれ、十九歳の時に韓国の武官学校から日本の陸軍幼年学校へ編入しています。その後、陸軍士官学校、さらに陸軍大学校をそれぞれ優秀な成績で卒業し、順調に昇進を重ねて一九四〇年には少将になりました。温厚で人望も厚く、日本人の部下に慕われており、一九四〇年から四一年にかけては旅団長として支那の大軍相手に数々の戦果を挙げています。朝鮮人としての誇りも高く、創氏改名[60]が許されても彼は朝鮮式の姓名をそのまま氏名として使用しました。終戦時に彼はフィリピンの捕虜収容所所長の任にあり、捕虜虐待容疑で軍事裁判にかけられます。復讐裁判ですから、彼を死刑にするために検察側に有利な証拠や証言ばかりが続々と採用され、弁護側の証人はゼロでした。しかし彼は裁判の間、一言も弁明せず、全ての罪を一身に引き受け、あくまで帝国陸軍軍人として処刑台に上りました。

そのような高潔な人物であったにもかかわらず、戦後韓国では「親日派の巨魁」「民族の裏切り者」「反逆者」の烙印を押されました。早稲田大学を卒業して朝鮮銀行に勤めていた長男の洪国善《ホングクソン》は、李承晩の直接命令で退職させられ、未亡人の李清栄《イチョンヨン》も一切の職業から締め出されてしまいました。

また、軍人ばかりではなく、朝鮮人軍属も戦犯として非業の死を遂げています。その一人、朴成根《パクソングン》少年は、捕虜を十九発殴ったというだけで、オランダによる軍事裁判で死刑になりました。当時は小学校でも児童にビンタは当たり前であり、まして軍隊では日常茶飯事でした。オランダ兵は東洋人を蔑視して、言うことを聞きません。思わず手が出るのは致し方なかったでしょう。オランダに降伏した日本軍も、こんな罪もない十九歳の少年が死刑だなんてとんでもないと嘆願しましたが、復讐に狂っているオランダ人は許しませんでした。

日本側の終戦処理司令官であった馬淵逸雄《いつお》少将は、処刑の数時間前に朴成根少年に「戦争に負けたばかりに君をこんな目に遭わせて申し訳ない」と謝罪しました。すると彼は「なに、仇に裁かれては仕方がない。こうやってオランダを睨んで死にましょう。しかしアジアは独立しますよ。日本の勝ちですよ」と答え、愛国行進曲（見よ東海の空明けて……）を韓国語で歌いました。馬淵少将は、面会時間が過ぎ、最後に千万無量の手を握り合って別れましたが、彼の瞳は「もうこれで思い残すことはない」と言っていたそうです。

村山富市氏は「心からのお詫びの気持ち」を表明する相手を間違っています。日本のために頑張り、敗戦後にあらぬ罪を着せられて処刑されたこのような人たちにこそ、その言葉は向けられるべきではないでしょうか。

（注59）『日韓2000年の真実』名越二荒之助編著（国際企画）

（注60）「創氏改名」とは、昭和十四（一九三九）年に朝鮮の人々の要求に基づいて行われた朝鮮戸籍法の改正の一部。朝鮮名では支那人に侮蔑されるため、日本名に変えたいという満洲移民からの強い要望があり、半島の朝鮮人からも「日本名を名乗れないのは差別ではないか」との声が高まったため、朝鮮総督府が戸籍法の改正に踏み切ったものである。韓国の文化伝統を尊重して一族の「姓」は不変とし、新たにファミリーネームとしての「氏」を戸籍簿上に創設することで、朝鮮の人々が日本式の苗字を名乗れる道を開いた。「氏」を日本名とするか朝鮮名とするかは自由であり、昭和十五年二月十一日より半年以内に登録がない場合は戸籍筆頭者の「姓」（金、李など）がそのまま「氏」に充当された。日本名を強制した事実はなく、実際に二〇％が朝鮮名を氏に選んでいる。さらに、苗字だけでなく下の名前も変更したいとの希望にも応えて、裁判所が正当な事由と認めた場合に限り、手数料を支払って名前を変えることも可能とした。

第十一章　特攻隊で散った朝鮮の若者たち

飛び立った隊員たちの物語

靖国神社には朝鮮半島出身の英霊二万二千余柱が祀られており、その中には朝鮮人特攻隊員も含まれています。その人たちはいったいどのような思いで飛び立っていったのでしょうか。

■最初の特攻戦死　林長守

昭和十九（一九四四）年十二月七日、フィリピンレイテ島オルモック湾の敵艦に突入した「勤皇隊」（隊長・山本卓美中尉）十名の中に、林長守《イムチャンス》軍曹という朝鮮出身者がいました。

その頃はアメリカ軍の「神風攻撃」に対する防御体制が向上し、日本の操縦士の技量の低下もあって、当初ほどの戦果を挙げることができなくなっていました。その中で少年航空兵出身の林長守軍曹は抜群の技量を持っており、人柄も良く、山本隊長はぜひ彼を日本に帰して少年飛行兵の指導に当たらせたいと思い、何度も説得しました。しかし特攻隊に志願した彼は頑として聞きませんでした。隊長が「これは命令だ！」と言っても、彼は「私のたった一度の反抗です。そういう命令は聞くことができません」とついに承知しませんでした。やがて出撃の日が来て、彼は二式複戦（屠龍）十機の中の一機に乗り込みました。

「勤皇隊」は駆逐艦と高速輸送艦の二隻を大破させ、それらは最後はアメリカ軍によって沈められるという戦果を挙げています。林長守軍曹こそ朝鮮人最初の特攻隊員でした。享年二十二。

■金尚弼（日本名＝結城尚弼）

昭和十八（一九四三）年京城の延禧《ヨニ》専門学校（現在の延世《ヨンセ》大学校の前身）を卒業した金尚弼《キムサンピル》は陸軍航空隊を志願しました。厳しい試験をくぐり抜けて同校からただ一人合格し、熊本県の大刀洗陸軍飛行学校隈之庄分校で特別操縦見習士官一期生となりました。

休暇で朝鮮に戻った彼は、校長の勧めで学生の前に立ちましたが、多くを語らず「俺について来い」と言うなり上着をぬいで走り出しました。彼は黙々と、しかし在校生に何かを訴えるかのように坂や林の中を一時間走り続けたのです。在校生も教職員も一緒に走りました。一人も落伍者は出ませんでした。走り終わってから彼は「これが大和魂だ」と語り、感激した在校生は金を出しあって日本刀一振りを購入して彼に送ったそうです。これが契機となって校内には「やればできるのだ」という気概が漲《みなぎ》り、士気が上がりました。

その後も金尚弼は在校生から兄のように慕われ、慰問袋や慰問品が彼に届き、彼も「毎日飛行機の勉強です。先生が良いから雀の子くらいにはなりましたが、まだ荒鷲のところまではいきません」という近況報告や「一人でも多く自分の後へと続かせてください」という後輩への思いを込めた手紙を何度も母校へ送りました。校内では「金尚弼に続け」という機運が自然に盛り上がり、翌昭和十九（一九四四）年には同校から五名が特別操縦見習士官に合格し、金尚弼は喜びに震える手紙を校長宛てに出しています。

その後、彼は昭和二十（一九四五）年二月十一日、満洲・新京で新しく飛行隊が編成された時に特攻隊に志願しました。彼が家族に最後の別れをするために平壌に戻ると、彼の兄である金尚烈は彼に思いとどまるよう説得しました。しかし彼は「僕は日本人になりきって日本のために死のうとしているのではありません。……日本を勝利に導いてその暁に我々の武勲を認めさせて、独立にもって行くことです。大東亜共栄圏として、ビルマ、インド、インドネシア、朝鮮、みな独立の道があるはずです。……戦友や部下たちとは一心同体であり、民族のしこりや壁はありません。……民族の魂は売り渡していません。朝鮮の魂で頑張ってきました。僕の考えはきっとご先祖様も許してくれると思うのです」そう言って兄に別れを告げたのでした。

それから約一カ月後の四月三日、金尚弼は「武剋隊《ぶこくたい》」第五編隊長として小林勇第二編隊長と共に宮崎県新田原《にゅうたばる》基地を飛び立ち、在校生から贈られた日本刀と共に、敵艦隊の対空砲火の中をくぐり沖縄西方洋上の艦船群に突入しました[61]。享年二十五。

■卓庚鉉（日本名＝光山文博）

大正九（一九二〇）年慶尚南道で生まれた卓庚鉉《タクキョンヒョン》は、家族と共に日本に移住し、父は京都で乾物商を営みました。彼は日本名を光山文博と名乗り、立命館中学から京都薬学専門学校（現在の京都薬科大学）を出て、金尚弼と同じく特別操縦見習士官一期生となり、大刀洗陸軍飛行学校知覧分校に入校しました。

そんな彼が、休みの日曜日になると頻繁に訪れるようになったのが、近隣の「富屋食堂」でした。富屋食堂は、昭和四（一九二九）年に女主人・鳥濱《とりはま》トメさんが開いた店です。

彼と鳥濱トメさんとの物語は、早坂隆氏が『ＷＥＢ　ＶＯＩＣＥ』（ＰＨＰ研究所二〇一五年七月公開）にて詳しく紹介しており、一部を引用します。

静かな照れ屋で、一人でいることの多かった光山だが、トメとはとりわけ親しくなった。

トメには長女の美阿子、次女の節子という二人の娘があった。当時、美阿子は十七歳、次女の節子は十三歳だった。光山はこの二人とも程なくして仲良くなり、共に連れ立って近くの麓川《ふもとがわ》の土手などをよく散歩した。

そんな光山だったが、昭和十九（一九四四）年七月、栃木県宇都宮市の教育隊へと転属。トメたちとも別れることとなった。その後、光山は茨城県の鉾田基地へと移動。そんな転々とした営為の中でも、光山はしばしばトメに、「知覧のおばちゃん、元気ですか」などと綴った葉書を寄せた。

昭和十九年十月、光山は陸軍少尉を拝命。順調な昇進だったが、翌十一月、そんな彼を思わぬ不幸が襲った。京都にいた母親が逝去したのである。母の遺言は、「文博はもうお国に捧げた体だから、十分にご奉公するように」という内容のものだった。

やがて、父もまた同じ気持ちであることを知った光山は、特攻を志願。周囲の戦友たちも、次々と特攻を志願していた。

上官の一人は、光山が朝鮮出身であることから、その覚悟の有無を改めて彼に確認した。しかし、光山の決意は固かった。上官は光山の強い意志に心を動かされた。こうして光山の特別攻撃隊への配属が決定し、再び知覧の地を踏むこととなった。

光山は最初の外出日に早速、懐かしき富屋食堂を訪れた。「おばちゃーん」店の引き戸を開けて入ってきた光山の姿に、トメが驚く。「まあ、光山さんじゃないの」トメは温かく彼を迎えた。光山の相貌は以前よりも逞しくなっているように見えた。そして、トメはすぐに光山が特攻隊員であるという事実を悟った。何故なら、この時期に知覧に戻って来るのは、特攻隊員ばかりだったからである。

以降、光山は富屋食堂に毎日のように顔を出した。特攻隊員の外出は、せめてもの温情として、かなり自由に認められていた。

そんな光山にも、確実に出撃の日が迫る。いよいよ迎えた出撃前夜の五月十日、光山は富屋食堂の「離れ」にいた。光山はトメと彼女の娘たちを前にして、こう口を開いた。

「おばちゃん、いよいよ明日、出撃なんだ」光山が心中を吐露する。

「長い間、いろいろありがとう。おばちゃんのようないい人は見たことがないよ。俺、ここにいると朝鮮人っていうことを忘れそうになるんだ。でも、俺は朝鮮人なんだ。長い間、本当に親身になって世話してもらってありがとう。実の親も及ばないほどだった」

トメが目頭を押さえながら俯いていると、光山が、「おばちゃん、歌を唄ってもいいかな」と切り出した。「いいわよ、どうぞ、どうぞ」　薄暗い座敷の中で、光山が言う。「じゃ、俺の国の歌を唄うからな」

トメと二人の娘は、正座をして光山が唄い出すのを待った。光山はしばらく目を閉じていたが、やがて室内に大きな歌声が響き始めた。それは、朝鮮の民謡である「アリラン」であった。

アリラン　アリラン　アラリヨ

アリラン峠を越えて行く……

この歌を知っていたトメは、光山と一緒になって声を揃えた。トメと娘たちは、嗚咽しながら大粒の涙を流した。最後には四人、肩を抱き合うようにして泣いた。それから、光山は形見として、トメに自らの財布を手渡した。「おばちゃん、飛行兵って何も持っていないんだよ。だから形見といっても、あげるものは何にもないんだけど、よかったら、これ、形見だと思って取っておいてくれるかなあ」その夜の別れ際、トメは自分と娘たちが写った写真を「これ、持ってって」と差し出した。光山は、「そうかい、おばちゃん、ありがとう。みんなと一緒に出撃して行けるなんて、こんなに嬉しいことはないよ」と言い残し、灯火管制のために暗い夜道を、手を振りながら去って行ったという。

翌十一日、第七次航空総攻撃が行われ、光山は午前六時三十三分、爆装した一式戦闘機「隼」に搭乗。知覧飛行場の滑走路から出撃した。光山の搭乗機は、陸軍計二十九機、海軍計六十九機と共に、沖縄近海を目指した。やがて、航行する敵艦船群を確認した編隊は、特攻作戦を開始。アメリカの空母一隻、駆逐艦二隻を「戦列復帰不能」とした上、オランダ商船一隻に損傷を与えた。

享年二十四。

■崔貞根（日本名＝高山昇）

茨城県鉾田陸軍飛行学校の出身者が編纂した戦没者追悼録に、次の一文がありました。

「私の生涯忘れることのできないお方。その方は崔貞根《チエチョングン》(日本名＝高山昇)。私が十八歳になったら結婚しようと約束された方でした。昭和二十年四月二日、沖縄の空に二十四歳の若い命を散らされてしまいました」

この文章を書いた梅沢ひでという女性は、女子挺身隊として奉仕していた時に崔貞根と知り合い、あわただしく婚約しました。二人のお付き合いは僅か四カ月に過ぎませんでしたが、彼女は二〇〇五年に天寿を全うするまで、生涯、崔貞根を慕い続けたといいます。

一九二一年、満洲と接する咸鏡北道に生まれた崔貞根は、京城帝国大学と陸軍士官学校に合格し、親日家の父親の影響もあって陸軍軍人となる道を選びました。

陸士第五十六期を卒業した彼は、第六航空軍飛行第六十六戦隊に配属されます。第六航空軍はフィリピンで大打撃を受け、沖縄戦に向けて悲壮な覚悟で特攻部隊の編成をしており、その頃に二人は知り合ったのです。始めから叶うことのない結婚の約束でした。

崔貞根は一九四五年四月二日、沖縄北方の徳之島から出撃し、沖縄を目指して北上中の敵艦群に体当たりしました。第六航空軍からは「身ハ半島ニ生マルルモ至誠忠常ニ国ヲ憂ヘ率先シテ陣頭ニ立チ部下ノ倫望殊ニ厚シ」と異例とも言える感状が出ています。

実は彼は同僚に対して「天皇陛下のためには死ねぬ」と発言していたことが後に分かりました。ならば、ひでさんのために、愛する人を守るために身を犠牲にしたのかも知れません。享年二十四。

ひでさんの実妹の高橋せつ子さんは、ジャーナリストの裵淵弘《ペヨンホン》氏の「朝鮮人であることに抵抗はなかったのか」という問いに対して、「朝鮮出身であることは家族も知っていましたが、父はそんなことは気にもとめず、母も御馳走を用意して大事にもてなしていました。だから高山さんも私たち家族とお付き合いしてくれたのだと思います。終戦の年の六月に同じ部隊の人から手紙を頂き、戦死したことを知りました。もしもの時は連絡するようにと高山中尉から頼まれていたとのことです」と答えました。

わずか四カ月でしたが、崔貞根はひでさんの家を我が家のように思っていたのでしょう。戦死を知ったひでさんはその場で泣き崩れてしまいました。その姿はあまりにも可哀そうだったそうです。

二〇〇五年の夏に末期ガンで入院したひでさんは、目が覚めると崔貞根の話をしていたといいます。最後の苦しみが始まり、医者から「もうじきですよ」と告げられたせつ子さんは、姉の顔をなでながら「もういいから高山中尉殿のところに行きなさい」と言ってあげました。するとひでさんは安らかな表情になって息を引き取ったそうです。

ひでさんの遺骨は彼女の遺言どおり、高山中尉が戦死した沖縄の海に散骨されました。

（『SAPIO』二〇〇九年九月九日号「民族の反逆者か祖国の英雄か　2つの歴史が引き裂く朝鮮人将校の特攻精神」裵淵弘より）

■朴東勲（日本名　大内正明）

朴東勲《パクドンフン》は昭和十八（一九四三）年福岡の大刀洗陸軍飛行学校本校に、乙種陸軍少年飛行兵第十五期生として入校しました。翌年三月に卒業し、大刀洗京城教育隊で五カ月間飛行訓練を受けた後、満洲・興城の第二十七教育隊およびハルピン・馬屋講の第二十六教育隊で九七式戦闘機による飛行訓練を受けました。教育期間中、朴東勲は常にトップクラスだったそうです。昭和二十（一九四五）年一月に特攻に志願し、誠第四一飛行隊の一員として知覧から沖縄中飛行場へ前進、同年三月二十九日に嘉手納西方洋上の敵艦に突入しました。まだうら若い十八歳でした[62]。

彼の葬儀には当時の阿部信行朝鮮総督自らが参列しました。当時の総督は朝鮮における「大統領」のような人だったので町中大騒ぎとなりましたが、阿部総督はすこしも偉ぶることはなく、父親に対して「こういう折り、内鮮一体だから頑張ろう、などの話はやめましょう。私の息子も戦死しました。息子を亡くした親同士として話しましょう」と語りかけました。

これを聞いて両親は感激落涙したそうです。朝鮮の伝統では高官の子弟は前線に行かないのが当たり前であり、総督の息子までが戦死するなどあり得ないと思っていたようです。

朴東勲の家族は北朝鮮側に住んでいましたが、戦後財産は全てソ連軍に没収され、「親日派」として冷たい扱いを受けました。朝鮮動乱で南に逃げた後も、親日派としての経歴から多くの辛酸をなめ、父親は失意のうちに亡くなったそうです。

それでも死ぬまで父親は阿部総督と会った時の話を朴東勲の弟たちに話して聞かせ、「お前の兄さんは犬死ではない。自分が考えて進んだ道を果たしたのだ」と誇らしく語りました。さらに「日本という国は決して悪い国ではない。特攻で死んだ家族に対して、必ず責任を持つ国だ。父は東勲と一緒に死んだ日本の人たちの家族と会って涙を流したい」とつねづね話していたとのことです。きっとあの世で息子に再会し、その手に抱きしめて共に涙を流したことでしょう。そう願わずにはいられません。享年十八。

特攻で亡くなった朝鮮出身者は他にもたくさんいます。以下、お名前とその最後のみ列記します。

- **朝鮮名不明（日本名＝近藤幸雄）**
　昭和十九年十一月二十五日　フィリピン方面で戦死　没年不明
- **印《イン》在男《ジェナム》（日本名＝松井秀雄）**
　昭和十九年十一月二十九日　フィリピンレイテ湾にて戦死　二十二歳
- **河《ハ》東繁《ドンボン》（日本名＝同）**
　昭和二十年四月十六日　沖縄周辺洋上艦船群突入戦死　二十四歳
- **李《イ》允範《ユンボム》（日本名＝平本義範）**
　昭和二十年四月二十二日　沖縄周辺洋上艦船群突入戦死　二十三歳
- **朝鮮名不明（日本名＝木村正碩）**
　昭和二十年四月二十八日　沖縄周辺洋上艦船群突入戦死　二十歳
- **李《イ》賢載《ヒョンジェ》（日本名＝広岡賢載）**
　昭和二十年五月二十七日　沖縄周辺洋上艦船群突入戦死　十八歳
- **朝鮮名不明（日本名＝金田光永）**
　昭和二十年五月二十八日　沖縄周辺洋上艦船群突入戦死　十八歳

・朝鮮名不明（日本名＝石橋志郎）
昭和二十年五月二十九日　沖縄周辺洋上艦船群突入戦死　二十七歳
・韓鼎実《ハンジョンシル》（日本名＝清原鼎実）
昭和二十年六月五日　沖縄周辺洋上艦船群突入戦死　二十歳

これだけ多くの朝鮮の若者たちが日本の勝利のために特攻隊で散っていったのです。

「朝鮮人斯く戦えり……」そのことを私たち日本人は永久に忘れるべきではないでしょう。

（注61）『日韓2000年の真実』名越二荒之助編著（国際企画）
（注62）『開聞岳』飯尾憲士（集英社）

朝鮮人特攻隊員の「大義」

戦後日本の反日ジャーナリズムや映画界は朝鮮出身者の「天皇陛下のために死ぬのではない」

という言葉をことさら取り上げて「ではなんで特攻で死んだのか」という疑問を持ち出し「やはり侵略国日本に騙されて死なざるを得なかった犠牲者である」という方向に議論を誘導してきました。どうしても彼らを「犬死」にさせたいのでしょう。

しかし、それなら日本人の特攻隊員も天皇陛下個人のために志願したのでしょうか。もしそうであれば天皇陛下があまりにもおかわいそうです。天皇陛下にとって国民は「赤子《せきし》」であり、「大御宝《おおみたから》」としてその安寧を日々お祈りされています。自分個人だけのために多くの国民が死んでゆくことを望まれるはずがありません。日本人の特攻隊員も、陛下個人ではなく自分の信じる「大義」のために一命を捧げたのだと思います。

ではその「大義」とは何か。「アジア解放・大東亜共栄圏建設」は大東亜戦争の大義でした。さらに祖国日本の天皇陛下を頂く美しい国体、美しい山河への限りない愛情、親や兄弟、そして愛する人を敵に蹂躙されてなるものかという、止むに止まれぬ思い。それらを合わせたものこそが、自分の命を投げ打っても悔いのない「大義」となったのではないでしょうか

ならば朝鮮人特攻隊員が「天皇陛下のために死ぬのではない」というのも自然です。彼らにもいろいろな思いがあり、自分たちの信じる「大義」のために殉じたはずです。

では彼らの「大義」とは何だったのでしょう。「愛するものを守りたい」という気持ちもあるでしょう。ここで自分がやらねば朝鮮人は子々孫々にわたって「二等国民」として差別され

るのではないかという危機感もあったでしょう。あるいは金尚弼のように「日本を勝利に導いて、その暁に我々の武勲を認めさせて、独立にもって行く」という思いを持った人もいたでしょう。そして彼らが一命をもって大東亜戦争に殉じる決意をしたからには、この戦争への堅い信念もあったはずです。「この聖戦で日本人に負けない朝鮮人の魂を見せてやる」それこそが彼らの究極の「大義」だったのではないでしょうか。

朝鮮民族そしてアジア民族の幸せを願いつつ、敵艦に突っ込み、若い命を散らして行った彼らの死は決して無駄ではありませんでした。それは歴史を変えるための崇高な犠牲でした。これを「騙されて死んだ犬死」に貶める者は、もはや人間としての資格を疑われても仕方がないでしょう。

大東亜戦争の真の勝者は日本――犠牲は無駄でなかった

戦争で勝ったか負けたかは、その戦争目的が達成されたかどうかにかかっているはずです。大東亜戦争での日本の戦争目的は、次の点に集約されるでしょう。

①　資源（特に石油、鉄鋼原料、ゴムなど）を自由に輸入できるようにすること。
②　日本製品の輸出市場を世界に確保すること。
③　亜細亜の植民地を解放し、諸民族を独立させ、共存関係を結ぶこと。

一方、米英の対日戦争目的は、主として次の二つでしょう。

①　満洲を含む支那市場での権益確保。
②　有色人種唯一の軍事大国日本を潰し、白人による世界支配の永久化を図る。

戦後の世界を見ると、何と日本の戦争目的は全て実現しています。一方米英側は「軍事大国日本を潰す」ことには成功したものの、支那市場は共産化して既得権益すら放棄せざるを得ず、「白人による世界支配」どころか、すべての植民地を白人たちは失ってしまいました。

戦争の「勝利」が軍事的制圧ではなく、「戦争目的の達成」であるならば、日本は大東亜戦争で「勝った」ことになります。今日の日本とアジアの繁栄は、大東亜戦争に事実上「勝利した」結果であり、戦争で亡くなった人々は「軍国主義の犠牲者」などではなく、日本国を「真の破滅」から救うとともに、白人による世界支配を打破し、人種差別をなくした、有色人種全体の大恩人なのです。

そしてその中には朝鮮半島出身者約二万二千人が含まれていることは既に述べた通りです。しかし彼らは戦後の韓国で「日本のために利敵行為をした親日派」「民族の裏切り者」として糾弾され、その遺族もまた迫害されています。特に特攻隊で散った若者は「自ら進んで敵に命まで売り渡した最大の売国奴」とされ、遺族からも疎まれているのです。いったい彼らの魂はどうなるのでしょう。あまりにも悲しすぎます。

「日本という国は決して悪い国ではない。特攻で死んだ家族に対して、必ず責任を持つ国だ……」この朴東勲の父親の言葉が胸を締め付けます。今こそ日本人は大東亜戦争で散った朝鮮の人々に心から感謝し、遺族に対してできる限りの支援をすべきではないでしょうか。彼らは「有色人種の恩人」であり、同時に「日本の恩人」でもあるのですから。

第十二章　「慰安婦」「徴用工」強制連行はなかった

女性を拉致したのは朝鮮人「人肉商」

韓国人が靖国神社に祀られている朝鮮人英霊を「民族の裏切り者」と侮辱してやまない理由の一つに、次のような思い込みがあります。

「挺身隊[63]の名前で二十万人の朝鮮の女性が強制連行され、戦地に送られて性奴隷にされた。それを横目に見ながら日本のために戦うとは何事だ！」というものです。

本書をここまで読んで頂いた読者の皆さんは、荒唐無稽に思われるでしょう。そうなのです。当時の朝鮮は近代的法治国家であり、女性の人権も日本の法律で守られています。アメリカがアフリカでやった「奴隷狩り」のようなことができるわけがありません。

そして何よりも、大東亜戦争に自ら志願するほど正義感の強い朝鮮の男たちが「朝鮮人の女性強制連行」などを許すはずがないのです。二十万人も連行して性奴隷にしようとすれば、当

路上에서少女掠取
醜業中人에賣渡
判明된誘引魔手段

1933年6月30日付東亜日報記事より

むしろ当時の警察や検察は悪徳朝鮮人女街に売られた女性たちを救出していた

河允明誘拐事件波紋擴大
惡辣한遊廓業者
警察의救出을念慮
續々外國으로轉賣
人事紹介所에 檢察의 메스!
特別調査隊編成內探

（1939年3月15日 東亜日報）

河允明誘惑事件波紋拡大
悪辣な遊廓業者
警察の救出を念慮
続々海外へ転売
人事紹介所に検察のメス！
特別調査隊編成内探

1939年3月15日付東亜日報記事より

然至るところで激しい暴動が発生し、朝鮮半島全体が阿鼻叫喚の修羅場と化したでしょう。ところが、そのような事例はただの一件も記録にありません。韓国側の主張が正しければ、朝鮮の男たちは、娘が、姉妹が、恋人が性奴隷にされるのを、ただ指をくわえて見ていたことになります。「強制連行」を主張することは、自分たちの父祖を「抵抗ひとつしない、ふがいない人々」だったと貶めるだけなのです。

当時の朝鮮において、確かに女性の拉致・誘拐事件はありましたが、それらは「人肉商」とか「誘拐便衣隊」と呼ばれる朝鮮人の犯罪グループが、拉致したり騙したりした女性を上海や満洲に売り飛ばしていたもので、日本の官憲が必死に被害者の救出に当たっていました。それが今では百八十度捻じ曲がり、日本の官憲がやったと韓国の人々は思い込んで大騒ぎしているのです。

（注63）挺身隊とは「女子挺身勤労令」に基づいて工場で働いた女性たちである。朝鮮半島では同法は実際に発動されず志願制だった。無論、慰安婦とは一切関係がない。

高額所得者だった慰安婦

かつて日本でも朝鮮でも、他の国々と同様に売春そのものは合法でした。支那事変が始まると、日本や朝鮮の売春業者たちが日本人や朝鮮人娼婦を伴って中国に進出し、日本軍駐屯地の周辺で開業しました。

前出の金錫源氏は自叙伝『老兵の恨』の中で、当時のことを次のように回想しています。

「一線で必ず一つ私が守ったことがある。例を挙げると、一線に慰安婦たちが来た時、上の者から行くことが常例になっていたが、私は必ず兵士達から先に行かせた。そうした私のやり方に対し、時々異議を唱える将校も居ったが、その度毎に私は『兵士を大事にすることができな

《新聞に掲載された慰安婦募集の広告》

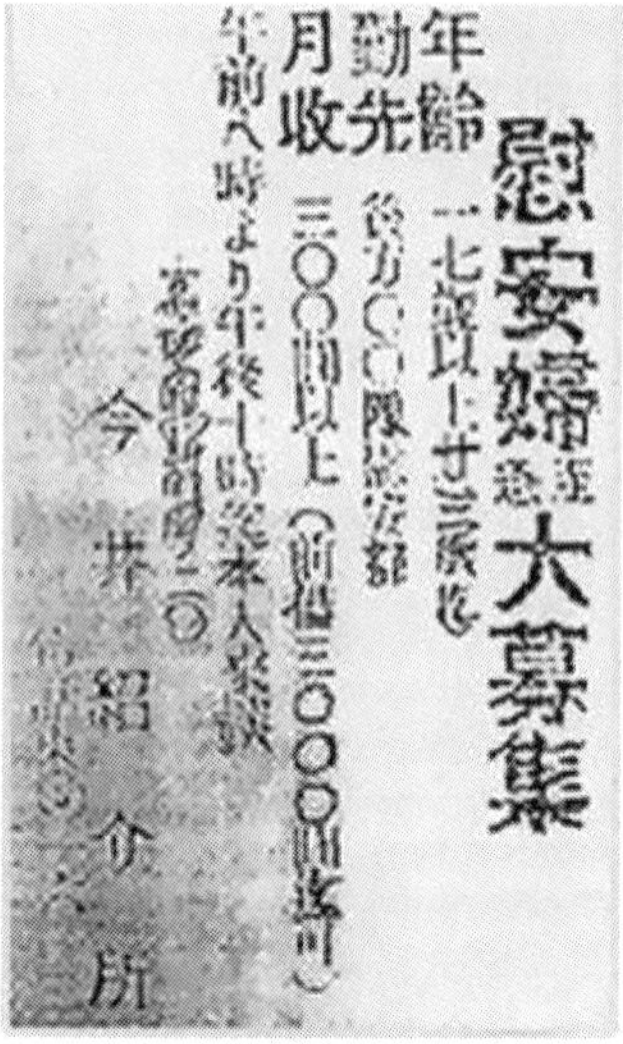

1944年7月26日付京城日報より

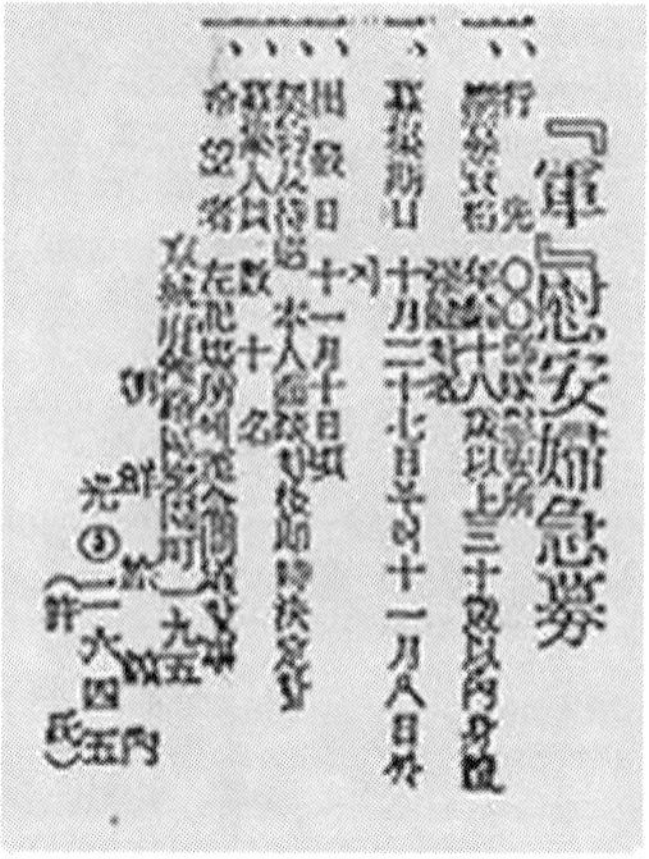

1944年10月27日付毎日新報より

い将校は、有能な指揮官たりえない』と言って断固対処した」

このように朝鮮出身の指揮官にとっても、慰安婦や慰安所の存在は当然のことだったのです。

やがて大東亜戦争に突入すると、「危険地手当」として多額の報酬が「慰安婦」に支払われるようになりました。

一九四四年七月二十六日付の京城日報には、月給三百円を提示した慰安婦募集広告記事が掲載されています（上資料参照）。現在に換算すれば月給約三百万円で、当時の日本軍の大佐クラスの報酬でした。

韓国で三番目に元慰安婦として名乗りを上げた文玉珠氏は『ビルマ戦線楯師団の「慰安婦」だった私』という、日本で発行された自叙伝の中で、慰安婦だった時の思い出を次のように述べています。

「お金を五百円預けた。わたしの名前の貯金通帳ができあがってくると、ちゃんと五百円と書いてあった。生まれて初めての貯金だった。大邱で小さい時から子守や物売りをして、どんなに働いても貧しい暮らしから抜け出すことができなかったわたしに、こんな大金が貯金できるなんて信じられないことだ。千円あれば大邱に小さな家が一軒買える。母に少しは楽をさせてあげられる。晴れがましくて、本当にうれしかった。貯金通帳はわたしの宝物となった」

「ラングーンの市場で買い物をしたことは忘れられない。宝石店もあった。ビルマは宝石がたくさん出るところなので、ルビーや翡翠が安かった。友達の中には宝石をたくさん集めている人もいた。わたしも一つくらい持っていたほうがいいかと思い、思い切ってダイヤモンドを買った」

彼女はこの本の中で「アユタヤの病院にいた時は母に貯金から下ろして五千円送金した」とも言っています。当時五千円あれば家が五軒建つほどの金額でした。これが元慰安婦の実態でした。勿論つらいこともたくさんあったでしょう。しかし彼女たちが決して日本軍の「性奴隷」などではなかったことは、この証言からも明らかでしょう。

朝鮮人慰安婦は日本軍兵士と同志的関係にあった

韓国世宗《セジョン》大学校の朴裕河《パクユハ》教授は、その著書『帝国の慰安婦』の中で「慰安婦は日本軍兵士と同志的関係にあった」と指摘しています。戦場で必死に戦っている兵士の姿を目の当たりにすれば、次第に兵士たちと一体感を持つようになるのでしょう。そのような話はいくつも伝わっていますが、ここでその中の一つを紹介しましょう。

昭和十九年五月、ビルマ国境に近い中国の拉孟《らもう》要塞には二十人の慰安婦がおり、その内五人は朝鮮人でした。絶望的な戦いの中で、彼女たちは全員、後送も投降も拒否し、砲火の下で炊事を手伝い、弾薬を運び、将兵の手当をしました。朝鮮人慰安婦たちも「日本の軍人さんと玉砕する」覚悟を決めていましたが、軍人や日本人慰安婦から「あなたたちは朝鮮から来たんだから国へ帰りなさい」と諭され、泣く泣く戦場を離れて行ったそうです。その上で日本人慰安婦は皆、兵士と共に玉砕しました[64]。朝鮮人慰安婦たちは連合軍の捕虜となり、そのうち四人をアメリカ軍が撮影しています。この時の写真が「性奴隷だった慰安婦」として現在韓国の独立記念館に掲げられているのです。

拉孟ばかりではなく、最前線で日本軍兵士と生死を共にした朝鮮人慰安婦は数多くいました。

軍属でもない彼女たちは戦死しても靖国神社に祀られることはなく、弔慰金も出ませんでした。それでも「日本の兵隊さんと同じ天皇陛下の赤子」だという気概をもって、日本のために命がけで頑張ってくれたのです。日本人は元朝鮮人慰安婦の方々に、心より感謝を捧げる必要があるのではないでしょうか。

（注64）『日韓2000年の真実』名越二荒之助編著（国際企画）

歴史捏造映画『軍艦島』

二〇一七年の夏に、大東亜戦争時の徴用工を題材とした『軍艦島』なる映画が韓国で上映されました。

ここでは、奴隷労働をさせたことを隠ぺいするために、会社側が朝鮮人徴用工を全員虐殺する計画を立て、これを知った朝鮮人徴用工が武器を取り、責任者の首を斬って脱走に成功するというストーリーが展開されます。朝鮮人徴用工は灼熱地獄の中で働かされており、小学生の少女を慰安婦にしたり、慰安婦を釘の上でなぶり殺しにするシーンも出て来ます。

しかしこれらは全て捏造であり事実無根です。この映画では、日本人に取り入る「親日派」も敵役となっており、日本人や親日派朝鮮人への憎悪をひたすら掻き立てる目的で製作されたとしか思われない、粗悪な内容です。

この映画の上映を受けて、軍艦島の旧島民や子孫は「真実の歴史を追求する端島《はしま》（軍艦島）島民の会」を結成し、映画の内容に反論する声明を出しました。映画では憲兵による暴行も描いていますが、当時島には警官が二人いただけであり、家族連れの朝鮮人労働者の子供は慰安婦にされるどころか、日本人と一緒に学校で学んでいたそうです。

優遇されていた朝鮮人徴用工

では徴用工とは、どんな人々だったのでしょう。支那事変が起きて、多くの若者が兵隊として出征したため、工場や炭坑など重要産業で人手不足が起きました。これを補うために昭和十四年に「国民徴用令」が発令されました。これは厚生大臣の権限で、他の産業で働いていた国民を徴用して、戦時下の重要産業に配置転換する法律です。

徴用されて工場などで働いた人を徴用工と言います。朝鮮人に対しては適用が免除されていましたが、大東亜戦争末期にいよいよ人手不足となったために、昭和十九年に適用されました。

では、いったい当時の徴用工の実態はどうだったのでしょうか。

昭和十九年十一月に徴用された鄭忠海《チョンチュンヘ》という人物は『朝鮮人徴用工の手記』（河合出版）という本の中で、広島での徴用先（東洋工業）の生活環境について詳しく書いています。彼の証言によれば寮の設備は清潔で、食事は十分で口に合うものだったそうです。仕事の後はいつも仲間で宴会をやっており、正月には演芸会も開いて日本人と共に楽しく過ごしています。日本人女性との恋愛も経験しています。休暇もきっちりあり、奈良の職業訓練所では休日に寮長の引率の下に、奈良市内の名所旧跡を見学し、日本文化に感激しています。

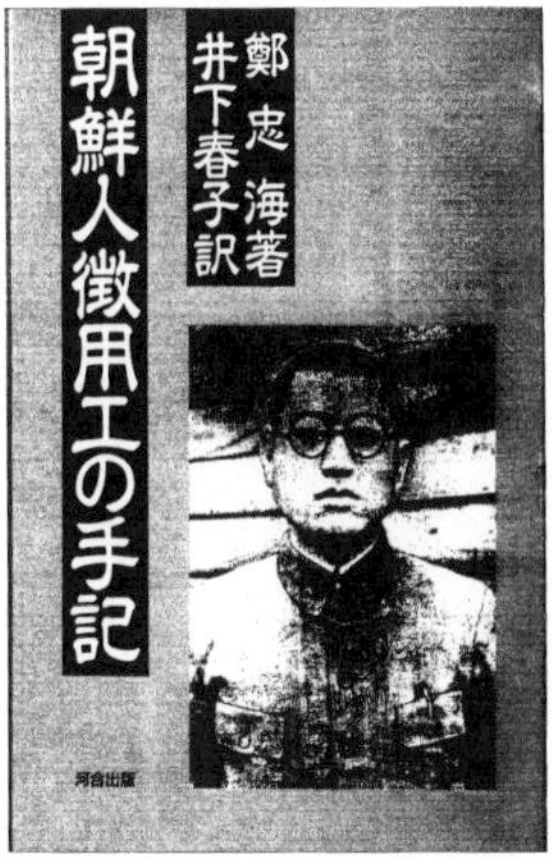

『朝鮮人徴用工の手記』（河合出版）

鄭忠海氏が終戦後に帰国する際は、船の出発に当たって簡単な送別会があり、日本人の寮長が声をつまらせながら別れの言葉を述べ、鄭氏は百人を代表して挨拶したそうです。そして親しくなった町の人と別れを惜しんで出発したことがこの本で述べられています。

勿論、徴用工の皆が皆、このように恵まれた環境にあったわけではないでしょう。炭坑など厳しい環境で働いた朝鮮人も多かったのは事実です。しかしこの頃、大東亜戦争の戦況は悪化し、日本人の健康な男性は、ほとんどが兵隊として召集されていました。彼らは戦地で塹壕掘りや洞窟陣地構築という重労働に従事し、飢えと渇きに苦しみながら「玉砕戦」を戦っていました。炭鉱での労働も大変だったと思いますが、砲弾が飛んでくる前線で戦うよりはずっと安全だったはずです。

朝鮮人を対象とする徴兵制度も昭和十九年に始まりましたが、訓練中に戦争が終わり、徴兵制度で召集されて戦死した朝鮮人は一人もいません。同じ日本国民であっても「国民の義務」の面において朝鮮半島の人々の方が優遇されていたのが事実なのです。

高給を取っていた炭鉱労働者

では賃金の面はどうでしょうか。戦時に半島から動員された人々は実は高額の賃金を受け取っていました。特に炭坑のような危険な場所で働く作業者の給与は極めて高く、昭和十九年頃に九州の炭鉱で支払われた賃金は、各種手当を含めて月収で百五十円〜百八十円、勤務成績のよいものは二百円〜三百円でした。今のお金で月給三百万円以上になります[65]。

炭坑では、日本人も坑内で朝鮮人と一緒に働いていました。炭坑によっては坑内労働者が日本人の方が多いところもあります。当時の炭鉱での賃金算定は作業習熟度や出炭量などを基に厳格に計算されており、日本人と朝鮮人の間に差別は全くありませんでした[66]。それどころか、同じ職種では朝鮮人徴用者の方が日本人より給料がよかったと言われています（資料参照）。

炭坑別	年	坑内		坑外	
		日本人	朝鮮人	日本人	朝鮮人
夕張	1944	2,527	4,793	2,411	635
	1945	2,443	6,135	2,830	961
三菱美唄	1944	2,459	2,216	2,092	93
	1945	2,130	2,538	2,311	279
茂尻	1944	703	952	922	81
	1945	747	956	1,072	224
赤平	1944	304	1,321	643	94
	1945	312	1,005	642	144
三井美唄	1944	1,226	1,521	896	126
	1945	1,294	1,507	1,004	134
三井砂川	1944	1,840	1,979	1,926	249
	1945	1,938	1,895	2,264	397
豊里	1944	610	502	440	78
	1945	603	535	495	41
東幌内	1944	235	345	271	22
	1945	206	408	280	62

（註）1．日本人中には短期・臨時請負を含まず
2．朝鮮人中には既住朝鮮人を含む
3．両年とも6月現在
4．出所「北海道炭坑統計資料集成」労働編

出典：『朝鮮人強制連行の記録』朴慶植（未来社）

《炭鉱労働者・日本人と朝鮮人の割合》

朝鮮から動員されてきた若者は炭鉱労働に向いた屈強な若者ばかりであり、一方日本人の鉱夫は高齢者が多く、体力的に劣るため、体力に勝る朝鮮人労働者の給与が日本人を上回ることは当然ありえたでしょう。

さらに稼いだお金は朝鮮へ送金されていました。当時、炭鉱会社の人事担当者だった人物は次のように証言しています[67]。

「仕送りは会社のほうで強制的にやらせまし

《当時の朝鮮人鉱夫の待遇の良さを報じる新聞記事》

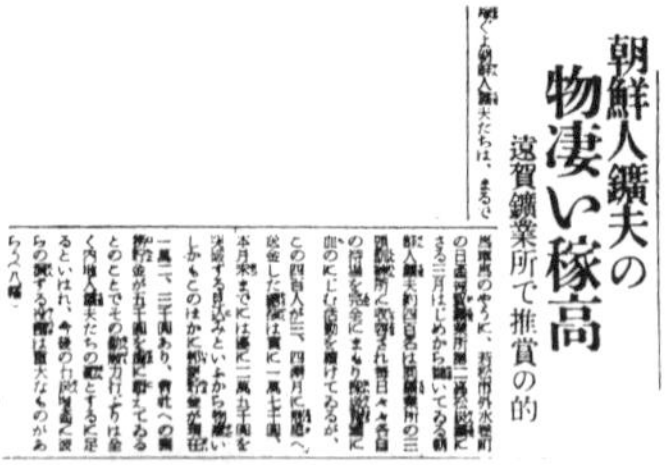

朝鮮人鑛夫の
物凄い稼高
遠賀鑛業所で推賞の的

右：1940年5月28日付大阪朝日・南鮮版より
下：1940年4月21日付大阪朝日・中鮮版より

出典：『朝日新聞が報道した「日韓併合」の真実』水間政憲（徳間書店）

朝鮮人鑛夫に
特別の優遇設備
まるで旅館住ひ同様

大浴場にひたる朝鮮人鑛夫たち

た。当時五十円から八十円位まででした。毎月五十円送金されると仔牛一頭毎月買える勘定になります。牛二十頭持てば『両班』いわゆる金持ちなんですよ。募集も案外家族から喜ばれたところもあるのです。あまり話したくないのですが、殉職者なんかは、当時二千五百円から三千円くらいもらっていました」[68]

炭鉱の坑内では掘進、採炭、充填、運搬などの一連の作業があり、お互いが力を合わせて慎重に仕事をしなければ、作業がうまくいかないどころか落盤の危険もあります。坑内では日本人も朝鮮人も差別なくそれこそ生死を共にし、一致協力して作業を進めていたのです。万一殉職したら三千円、今のお金で三千万円以上の見舞金が支払われていました。実態は映画『軍艦島』とは正反対で、事業主は半島から来た人々を、これほど大切に扱っていたのです。

（注65）『明日への選択』平成十四年十一月号「朝鮮人『強制連行』問題とはなにか」（日本政策研究センター）
（注66）（注67）（注68）『証言　朝鮮人強制連行』金贊汀編（新人物往来社）

本当の売国奴とは

韓国の反日感情が高まった原因は日本にもあります。日本人でありながら日本が嫌いな人たちが、日本を憎むように韓国にけしかけて来たのです。

慰安婦問題では吉田清治なる人物が「慰安婦狩り」の嘘をつき、朝日新聞はこれを事実として、大々的に取り上げました。さらに朝日新聞は「朝鮮人女性を挺身隊の名で八万〜二十万人強制連行した」と何の根拠もないまま報道し、韓国人を激昂させて慰安婦問題に火をつけています。人権派弁護士を名乗る日本人は国連に「性奴隷」という言葉を持ち込み、「慰安婦は性奴隷」という認識を国際的に広めたと自慢しています。

どこまでも歴史を歪曲・捏造し、嬉々として祖国を貶める、彼らのような反日日本人や反日メディアこそが「本当の売国奴」なのです。

第十三章　「日本軍人精神」で戦い抜いた朝鮮戦争

新生韓国軍の実態は「旧日本軍」

一九四八年に韓国が独立して韓国軍を創設するにあたり、韓国内で軍隊経験のあるものは、旧日本軍（一部、旧満洲国軍[69]を含む）出身者がほとんどでした。従って、できあがった軍隊は参謀から下士官、兵士に至るまで、その大部分を元日本兵が占めることになり、隊内では日本語が飛び交っていたといいます[70]。

一方、北朝鮮では、旧日本軍出身者は「売国奴」とされて、ことごとく追放されてしまい、北朝鮮軍の幹部や兵士は、ソ連軍か毛沢東の八路軍出身者ばかりでした。朝鮮戦争勃発時の、韓国軍と北朝鮮軍の指揮官は、次頁表の通りです。北朝鮮軍を迎え撃ったのは、実質的に旧日本軍だったと言っても過言ではありません[71]。

一九五〇年六月二十五日午前四時、北朝鮮軍は兵力十万五千人、火砲三千百門、戦車約二百

軍	区分	職・部隊	氏名（前歴）
韓国軍		国防相	申性模（船長・内相）
		参謀総長	蔡秉徳少将（日軍少佐）
		参謀副長	金白一大佐（満軍大尉）
		独立第一七連隊	白仁燁大佐（日軍少尉）
		第一師団	白善燁大佐（満軍中尉）
		第七師団	劉載興准将（日軍大尉）
		第二師団	李亨根准将（日軍大尉）
		第五師団	李應俊少将（日軍大佐）
		第六師団	金鐘五大佐（日軍少尉）
		第八師団	李成佳大佐（汪精衛軍少佐）
		第三師団（後方警備）	劉升烈大佐（日軍大佐）
北鮮軍		保衛相	崔庸健副元帥（遊撃隊長・ソ軍大尉）
		総参謀長	南日中将（ソ軍大尉）
		前線司令官	金策大将（ソ軍中佐）
		参謀長	姜健中将（遊軍隊長・ソ軍総尉）
	第一軍団長・金雄少将（ソ軍少佐）	38警備第三旅団 第一四連隊	呉白龍少将（ソ軍大尉）
		第六師団	方虎山少将（八路軍）
		第一師団	崔光少将（ソ軍中尉）
		第四師団	李健武少将（独ソ戦参加・大尉）
		第三師団	李英鎬少将（ソ軍大尉）
		第一〇五戦車旅団	柳京洙少将（ソ軍戦車兵大尉）
		第一〇師団（予備）	李方南少将（八路軍）
		第一三師団（予備）	崔庸鎮少将（ソ軍大尉）
	第二軍団長・金光侠少将（ソ軍少佐）	第二師団	李青松少将（ソ軍特務長） のち崔賢少将（ソ軍大尉）
		第七師団 （のち第一二師団）	崔仁少将（不明） のち崔忠國少将（八路軍）
		第五師団 第七六六部隊 第五四九部隊	馬相喆少将（八路軍） のち金昌徳少将（ソ軍中尉） 呉振宇総佐（国内共産党員）
		第一五師団（予備）	朴成喆少将（ソ軍大尉）
	開戦後、38警備隊などを改編したもの	第七師団（不明） 第八師団（呉白龍少将＝ソ軍大尉） 第九師団（朴孝三少将＝八路軍）	

出典：『朝鮮戦争　韓国篇』佐々木春隆（原書房）

両、自走砲約百五十両をもって、一挙に五方面から三十八度線を越えて南側へ侵攻しました（航空機も約二百機を保有していました）。

しかしこれを迎え撃つ韓国軍に戦車は一両もなく、戦闘機も練習機十機しかありません。頼みのバズーカ砲も北朝鮮の戦車には歯が立たず、蔡秉徳《チェビョンドク》参謀総長（旧日本軍少佐）は、日本陸軍が取った戦法である「肉薄攻撃」を命じました。圧倒的に優勢な北朝鮮軍に対し、韓国軍兵士たちは自己の犠牲を厭わず、かつて日本軍がノモンハンやインパールなど多くの戦場で決行したように、次々に地雷を抱いて戦車の下に飛び込み、肉弾体当たりを敢行して敵戦車を擱座《かくざ》させて行ったのです。もし緒戦においてこのような彼らの捨て身の防戦がなければ、北朝鮮軍は一挙に朝鮮半島南部を制圧し、北朝鮮による半島統一が実現していたでしょう。

（注69）満洲国軍＝満洲建国後に関東軍の後方支援および国境警備を目的として創設。その後、関東軍の指導下で国軍として整備が進んだが、終戦を迎えて解体された。
（注70）『朝鮮戦争Ⅰ』児島襄（文春文庫）
（注71）表中の「汪精衛」は汪兆銘の号であり、汪精衛軍は日本軍の友軍であった。

「飛燕の撃墜王」が創設した韓国空軍

大東亜戦争時、戦闘機「飛燕」で撃墜王となった金貞烈（142頁参照）は、戦後韓国陸軍に入隊し、陸軍航空部隊飛行部隊長、陸軍航空士官学校長などを歴任し、朝鮮戦争開戦時には空軍参謀総長の任にありました。しかし、当時空軍とは名ばかりで、実際に戦うための戦闘機が一機もありません。北朝鮮軍が迫る中、彼は断腸の思いで家族をソウルに残し、練習機を指揮して水原《スウォン》まで後退しました。しかしこの時、既に彼は飛行団長の李根哲《イクンチョル》大佐（加藤隼戦闘隊の撃墜王の一人、後日北朝鮮戦車に体当たりして戦死）、張盛煥《チャンソンファン》中佐（早稲田大学卒、元日本軍中尉、のち空軍参謀総長）、朴熙東《パクヒドゥン》大尉（元日本陸軍少年飛行兵、のち准将）、金成龍《キムソンヨン》中尉（元日本陸軍少年飛行兵、のち空軍参謀総長）などの空軍幹部を、福岡の板付基地に派遣していました。アメリカ軍から供与されるＰ51ムスタング戦闘機を受け取るためでした。

やがて彼ら元日本軍航空隊の勇士が、アメリカ機を駆ってソ連製の北朝鮮機を次々に撃墜することになるのです。

こうして金貞烈は韓国空軍の「生みの親」となり、その後、国防大臣を経て総理大臣になったことは既述の通りです。なお、金貞烈夫人はソウルの北側に聳《そび》える北岳山の洞窟に隠れて家族十人を守り通し、三カ月後にマッカーサーが仁川《インチョン》に上陸し、ソウルを奪還した時点で無事救出されています。

パイロットばかりではなく、旧日本軍の航空整備兵も頑張りました。当時の韓国空軍の様子について前出のソン・テスはこう回想しています。

「私は空軍に行き、米軍のＦ84戦闘機を管理している第七部隊に所属し、ロケットや爆弾、機関銃の整備などを行いました。そこでは日本でやはり航空所にいた後輩たちが将校とかになっていたんですよ。日本軍出身の兵士は皆よく勇敢に戦い、祖国韓国を守り抜いたと思います」

彼は、日本で習った技術や訓練が朝鮮戦争で大変役に立ったとも語っています。

ソウル陥落の責任をとって切腹した韓国軍大佐

韓国軍将兵の死を恐れぬ勇戦は北朝鮮の侵攻軍に多大な損害を与えましたが、それでも圧倒的戦力を誇る北朝鮮軍の進撃を押しとどめることはできず、開戦四日目に北朝鮮の先鋒隊はついにソウルに突入しました。すると韓国軍本部はソウル放棄を決定し、ソウル防備にあたっていた第二、第三、第七師団、首都師団が撤退する前に、ソウル南方の漢江にかかる唯一の橋である漢江大橋を爆破してしまいました（196頁参照）。漢江の北側に取り残された各師団は指揮命令系統が混乱したため、将兵は各自の良心や判断に基づいて行動せざるを得なくなり、漢江を泳いで渡る者、ソウルに留まってゲリラ戦を行う者、敵戦車に体当たりして自爆する者など、さまざまな行動に出ました。

青年防衛隊首都防衛隊の顧問をしていた安秉範《アンビョンボム》大佐（元日本陸軍大佐）はソウルに留まりましたが、首都陥落の自責感と次々に無辜《むこ》の市民が人民裁判で殺される地獄のような状況を見るに忍びず、家族に遺書をしたためた後、割腹自殺しました。日本軍将校当時より愛用した日本刀を持ち、六月二十九日にソウル北西方の仁旺山《イナンサン》の岩盤上でソウルの業火を睨みつつ古式に則《のっと》って切腹したのです。まさに武士道の極致を示した最期でした[72]。

日本刀を抜き放って部下を鼓舞した金錫源将軍

当時予備役だった金錫源准将はソウルを脱出しましたが、そこで見たのはソウルを放棄して、南へ落ちのびる韓国兵士の無残な姿でした。撃つべき弾も爆雷も使い果たし、敗軍そのものだったのです。「これでは勝てない」そう実感した彼は、義勇軍を募集して北朝鮮軍と戦うことを決意し、市民に呼びかけました。するとたちまち警官や学生ら三百人以上が彼を慕って駆けつけました。支那事変での金錫源の活躍は、韓国の人々にそれほど大きな感銘を与えていたのです。

そこで早速彼は、国防部に義勇軍への武器・弾薬提供について申し入れたところ、中性模《シンソンモ》国防長官から「首都師団長となって戦って欲しい」と要請されました。市民と共に義勇軍を立ち上げるつもりだった彼はこれを固辞しましたが、「今、韓国の危機を救えるのは、あなたしかいない」という申長官の熱意に動かされ、最終的に条件付きで受諾しました。その条件とは、優秀な日本軍出身の二人の佐官、崔慶禄大佐（138頁参照）と金徳俊《キムトクチュン》少佐を参謀長と参謀にすることでした。二人とも日本軍志願兵の時代から金錫源の薫陶を受けており、この危機を乗り切るには元日本軍の力を結集するしかないと考えたのでしょう。金錫源は「日本軍が味方に回ればどれほど頼もしいか、マッカーサーに存分に見せてやる」とも言ったそうです[73]。

金錫源准将は、師団の指揮をとるべく戦場に向かう途中、将兵や警察官が退却しているのに出会いました。彼はジープから降り、腰の日本刀を抜いて中空高く振りかざし、天にも響く大声で叫んだのです。

「国軍将兵と警察官は聞け！　私は首都師団長の金錫源である。国軍と警察官は共産軍を撃滅するために戦うはずなのに、今お前たちはどこに行こうとするのか。玄界灘に追い落とされるのか。大韓の息子たちよ。この金錫源が先頭に立つ。向きを変えて北へ行こう。私と共に敵を撃退しよう」

この金将軍の力強い言葉に、将兵たちは口々に「万歳《マンセー》」を叫びながら再度北上を開始しました。金師団長の着任で首都師団の士気は天を突き、要衝だった忠清北道鎮川方面で逆襲に出て、南下する北朝鮮の大部隊を四日間、釘づけにしました。

彼らの奮戦ぶりを見て、救援に駆けつけたアメリカ軍兵士の士気も高まりました。たとえ軍事同盟を結んでいても、自国を守る気概のない国を誰が命がけで助ける気になるでしょう。「同盟国があれだけ犠牲を払って必死に戦っている」、それが見えるからこそ、一緒に血を流す覚悟ができるはずです。旧日本軍出身韓国兵の勇戦こそが、同盟軍兵士をも奮い立たせ、最終的に北朝鮮軍や中国軍を三十八度線の北側へ押し返しました。

日本が戦後共産主義の脅威と直接対峙することなく、ひたすら経済発展に邁進することができたのも、金錫源をはじめとする旧日本軍の人々が、ここまで戦ってくれたお蔭なのです。

（注72）『丸』一九九五年十二月号「最後の日本刀」高橋文雄
（注73）ブログ「大和心を語るねずさんのひとりごと――韓国建国の英雄」小名木善行

金錫源師団を救った元帝国海軍の勇士

金錫源は首都師団長から第三師団長に転任。同師団は金将軍指揮の下、東海岸の浦項付近で北朝鮮軍と激戦を繰り広げましたが、ついに三方向を包囲され、保護していた避難民や公務員とともに海上脱出を図ることとなりました。

一九五〇年八月十六日夜、彼らはアメリカ軍が派遣した四隻のＬＳＴ（揚陸艦）に乗り組んで脱出を敢行しましたが、やがてこれに気付いた北朝鮮軍が砲撃を開始。ＬＳＴの至近距離に着弾しはじめると、ＬＳＴは艦首の扉を閉じて離岸の態勢を取りました。ところがこの時点で金将軍ら幹部は師団全員の脱出を確認するため、いまだ陸に踏みとどまっており、慌てて憲兵を泳がせて艦長の説得に当たったのです。

実は派遣されたＬＳＴの乗組員は艦長以下全員が日本人で、皆、旧帝国海軍の勇士でした。彼らはアメリカ海軍と貨物輸送の契約を結んでいましたが、戦闘地域での仕事は除外されており、砲撃が始まれば当然離脱せねばなりませんでした。しかし憲兵は「もう一度艦を接岸してください」と日本語で叫び「実は師団長以下が海岸にて援護部隊の撤収を待っています。日本にいまだ武士道の精神が存在するなら、何とぞ我が部隊の撤退に協力してください」と必死で説得したのです。ＬＳＴの艦長はしばし沈思黙考した後、「分かりました。アメリカ軍に対し艦砲射撃と空爆のさらなる強化を要請してください」と回答しました。

反転を決意した艦長は、北朝鮮の弾幕の中、ＬＳＴを再び接岸させ艦首の扉を開きました。結果的に第三師団は金将軍以下全員が無事撤退を完了することができたのです。義を見てせざるは勇なきなり。日本海軍の精神はいまだ健在でした。

なお、このような特殊輸送業や掃海作業に参加した日本人のうち五十四人が殉職していることも、日本人の記憶にとどめておくべきでしょう。

（『丸』一九九五年十二月号「最後の日本刀」高橋文雄より）

第十四章　李承晩が捻じ曲げた韓国の歴史

「反日」李承晩政権誕生

大東亜戦争の終結に伴い、長期間アメリカに滞在していた李承晩が、一九四五年十月に米軍の軍政下にある南鮮（朝鮮半島北緯三十八度線より南部の地域）に帰国しました。当時南鮮では、右派が群雄割拠して互いに足を引っ張る中で、北鮮側と繋がった共産党が著しく勢力を伸ばしており、米軍政としては、共産勢力への対抗上、右派をまとめきれる反共の大物が必要でした。さらに「デバイド・アンド・ルール」[74]に則ったアジア戦略を進めるためにも、日本と朝鮮が再び結束しないように、強硬な反日主義者である李承晩に権力を持たせることが、アメリカにとって最適でした。

米軍政のバックアップを得た李承晩は、次々に政敵を倒して実権を握り、一九四八年五月、南鮮単独の総選挙によって大韓民国が設立されると同時に、初代の大統領に就任しました。

その後、彼は次第に独裁的権力をふるうようになり、同年十二月には国家保安法を制定して、左翼の徹底的弾圧に乗り出しています。

（注74）被支配者が団結して統治者に反抗しないよう、被支配者同士を争わせる統治手法。

歴史を捏造して大韓民国の建国を正当化

李承晩

このように李承晩は、激烈な反共・反日主義の政治家でしたが、経済についてはほとんど勉強したことがなく、経済政策面での手腕はゼロでした。

独立した頃の韓国は、それまで朝鮮経済を支えていた日本との関係が杜絶し、工業地帯のある北鮮地域はソ連に押さえられ、食糧も物資も窮乏する中で極度のインフレとなり、庶民生活はどん底に堕ちていました。「なんだ、これでは日本統治時代のほうが生活がはるかによかったではないか」という不満が社会全体にくすぶり始め、政権の基盤を揺るがす恐れすら出て来ました。

さらに、大韓民国という国自体の建国の正当性も曖昧でした。日本から独立する時点で、本来ならば日韓併合条約を締結した李氏朝鮮の大韓帝国が復活すべきでしょう。

事実、独立時に大韓帝国の正当な後継である李垠《リギン》殿下が、日本に滞在しておられました。当時は日韓間に国交がなく、李垠殿下は密航してでも帰国して大韓帝国を再興するとのご意志をお持ちでしたが、結果的に「大韓民国」という共和国が形成され、李承晩が大統領として最高権力を握りました。これは国王を排斥する一種のクーデターと言っても過言ではありません。従って「大韓民国」は、建国の正当性そのものに疑義があったのです。

そこで李承晩政権は、国民の不満を押さえ、建国の大義を確保するために、歴史を次のように捻じ曲げました。

①　日韓併合で李朝は亡び、朝鮮は日本の植民地となった。
②　日本は植民地朝鮮で人民を虐待し、収奪の限りを尽くした。
③　朝鮮人民は独立運動に蹶起し、三一運動後に朝鮮人代表が上海に『大韓民国臨時政府（臨政）』という亡命政府を作った。
④　臨時の軍隊である光復軍が、連合軍の一員として朝鮮解放に貢献した。

⑤　大韓民国政府はその臨時政府を引き継いだものであり、正当な政府である[75]。

このように、日本による統治を「苛酷な植民地支配」と断罪することで、韓国は建国の正当性を捏造したのです。

しかし、国民は日本統治時代の実態をしっかり記憶しています。しかも独立直後の韓国社会には、日本統治時代に対する肯定的な記憶と郷愁が広く残っていました[76]。

そこで李承晩政権は、自ら作り上げた「嘘」の歴史を定着させるために、徹底的に言論を統制し、日本統治時代を懐かしむことを公に口にすることさえ政治犯としました。このため、韓国成立後のわずか二年で、投獄された者の総数が日本統治時代の約三十五年間の投獄者数を超えるくらいでした[77]。

（注75）臨政は「一部の亡命政客が造ったクラブにすぎない」と見なされてどこの国からも承認されていない。光復軍も実態は数百人で、実戦には全く参加していない。戦後、米軍政庁はワシントンの指令により「臨政」や「光復軍」の肩書での帰国を許さず、個人の資格で帰国させている。

（注76）ソウル大学校・安秉稷《アンビョンソク》教授論文「過去清算と歴史記述」より

（注77）ウィキペディアフリー百科事典「李承晩」より

李承晩が隠した韓国での自国民虐殺事件

そしてもう一つ、李承晩がどうしても歴史を歪曲しなければならない理由がありました。実はあまり知られていませんが、韓国では朝鮮戦争前後に物凄い数の虐殺事件が起きています。しかもそのほとんどが李承晩の責任です。では、どのような事件があったかを挙げてみましょう。

■四・三事件

一番有名なのが、済州島で一九四八年に発生した四・三事件です。米軍政と李承晩による弾圧を逃れて済州島に結集した左翼が、一九四八年四月三日、南鮮単独での総選挙阻止を叫んで蜂起しました。最初は小競り合い程度でしたが、次第に革命的様相を帯びて来たため、李承晩政権は大規模な討伐戦を開始しました。韓国軍は済州島において、海岸線から五キロ以外の地点および山岳部をゲリラが潜む「敵性地域」とみなして通行禁止にし、通行禁止地域にある村々はことごとく焼かれ、老人や女子供に至るまで見境のない殺戮が行われました。

このような虐殺は一九四九年前半まで続いており、二〇〇〇年一月、金大中《キムデジュン》政権下でこの四・三事件の真相を究明するために、「済州四・三真相究明および犠牲者名誉回復に関する特別法（四・三特別法）」が交付されました。

この法律に基づいて行われた調査の結果が、二〇〇三年十月に発表されていますが、これによれば、四・三事件の民間人犠牲者の数は二万五千人～三万人[78]となっており、当時の済州島住民の十人に一人が虐殺されたことになります。

■国民保導連盟事件

「国民保導連盟」とは、共産主義思想からの転向者やその家族、協力者を再教育するために李承晩政権が朝鮮戦争前に作った組織です。

北朝鮮が侵攻してきた三日後の一九五〇年六月二十八日、李承晩大統領は、連盟加盟者や国内の左翼分子が北朝鮮軍に加担することを恐れて「非常事態下の犯罪処罰に関する特別措置令（特別処置令）」を発令、これに基づいて軍や警察が全国各地で連盟加盟者を大量に殺害しました。これを国民保導連盟事件と言います。

被害者は六十万人以上とする主張もあり、少なくとも四千九百三十四人が殺害されたことを、盧武鉉《ノムヒョン》政権時代に韓国政府の「真実・和解のための過去史整理委員会（真実・和解委員会）」が公式に確認しています。

■漢江人道橋爆破事件

朝鮮戦争勃発から三日目、一九五〇年六月二十八日に、ソウル市において韓国軍が北朝鮮軍の進撃を食い止めるために、漢江大橋を橋上の避難民もろとも爆破した事件。

北朝鮮軍がソウルに侵入し、慌てて南に逃げようとする市民がこの橋に殺到したために爆破時には約四千人の避難民が橋上におり、五百～八百名が死亡しました。軍の最高責任者として李承晩の責任が問われる事件です。

■大田刑務所虐殺事件

朝鮮戦争開始直後の一九五〇年七月初め、韓国の軍と警察が、大田《テジョン》刑務所に収容していた四・三事件関連者、南朝鮮労働党員、国民保導連盟予備検束者など、政治犯収監者約二千名のほとんどを、特別措置令や国防警備法などによって銃殺した事件です。二〇〇〇年一月五日、韓国マスコミが、アメリカ国立公文書館の文書から「処刑」が確認されたと報道したことで、この虐殺事件が明らかになりました。

■高陽衿井窟民間人虐殺事件

一九五〇年十月二十三日、ソウルの北西・高陽において、韓国警察の黙認下で、親北朝鮮と

右上：大田保導連盟虐殺現場。
右中：大田刑務所での政治犯の処刑。トラックから政治犯を引きずり下ろしている。
右下：1950年4月14日ソウル近郊の左翼思想犯処刑現場。

出典：『朝鮮戦争の社会史』金東椿（平凡社）

「금정굴 학살」유골발굴

진상규명委 "「6·25때 千명희생」정부가 밝혀야"

高陽

左：高陽衿井窟民間人虐殺事件を報じる新聞記事（1995年10月1日付京郷新聞）

見なされた市民約一千名を右翼団体などが報復のために虐殺した事件です。

「朝鮮戦争当時、理念対立で千人余りが犠牲になって埋没したとされている京畿道高陽市タニョン洞高峰山麓衿井《クムジョン》洞窟の中で、事件発生から四十五年ぶりに遺骨と竹槍などが発見され、犠牲者の遺族たちが政府次元の真相究明を要求している。この事件は、五〇年朝鮮戦争勃発直後に北朝鮮軍が南進し、左翼勢力が右翼団体員五十人余りを虐殺、国連軍が攻め返した後、右翼団体が再び左翼協力者などを探して処刑した後、廃鉱である衿井窟に密葬した事件」

（一九九五年十月一日付京郷新聞記事より）

■国民防衛軍事件

一九五一年一月に、韓国の国民防衛軍司令部の幹部らが、国民防衛軍に供給された軍事物資や兵糧米などを横流しした事件。横領により九万名余りの国民防衛軍兵士が餓死・凍死したと言われています。着服金の一部が李承晩大統領の政治資金として使われたことも、後に行われた国の調査で明かされました。

■全羅道での民間人虐殺事件

一九五〇年十月から五一年五月にかけて、全羅北道南原《ナムウォン》、淳昌《スンチャン》、高敞、任実《イムシル》で韓国陸軍第十一師団所属の軍人が、「共産ゲリラに協力した」という理由で民間人を数百人から千人単位で虐殺。全羅南道咸平《ハムピョン》でも、第十一師団所属の連隊が同期間中に民間人を五百人殺害しています。

南原虐殺の目撃者は、幼児を負ぶって「助けて！」と哀願する女性や、学生証を見せて命乞いをする学生を、見境なく殴り殺し、刺殺したと証言しています[79]。

■山清・咸陽良民虐殺事件

一九五一年二月七日、第十一師団第九連隊が、釜山に近い智異《チリ》山の中腹から裾野に広がる山清《サンチョン》郡および咸陽《ハムヤン》郡一帯で、十二の村々の住民七百五人を次々に虐殺しました。隊員は「共匪どもの根拠地となる建物は全て焼却せよ」「作戦地域内の人員は全員銃殺せよ」との命令を受けていたといわれ、谷底に突き落としたり、銃で撃ち殺したりして、殺戮現場は凄惨を極めました[80]。

■居昌良民虐殺事件

一九五一年二月九日から十一日にかけて、慶尚南道居昌郡《キョンサンナムドコチャン》にも第十一師団九連隊が現れ、あちこちで民間人を大量虐殺しました。珀珊渓谷《パクサンゴル》で五百十七人、清淵渓谷《チョンヨンゴル》で八十四人など、合わせて七百十九人の殺害が確認されています。そのうち十歳未満が三百十三人、性別では女性が三百九十二人でした[81]。近隣の山清郡でもそうでしたが、軍人たちは住民の財産をほしいままにし、若い女性を見つければ引っ張り出して強姦したそうです[82]。

（注78）このうち約八〇％が韓国軍、残りの約二〇％がゲリラにより殺害された。

（注79）（注80）（注82）『朝鮮戦争の社会史』金東椿（平凡社）

（注81）「朝鮮戦争期の民間人虐殺事件に対する刑事的対応―山清、咸陽、居昌の民間人虐殺事件を中心に」李昌稿

虐殺師団の師団長は元支那軍参謀

韓国の軍や官憲が行った数々の虐殺事件は、政権トップにある李承晩に責任があるのは当然ですが、特に四・三事件、国民保導連盟事件、大田刑務所虐殺事件、国民防衛軍事件は、李承晩の責任に直結する事件です。

では全羅道や慶尚道で第十一師団が引き起こした数々の虐殺事件はどうでしょう。

「当時の韓国軍は元日本軍出身者がほとんどであり、武士道精神を身につけているはずなのに、自国民にそんな残酷なことをするだろうか」と首をかしげたくなるでしょう。

実は第十一師団は、朝鮮戦争勃発後の一九五〇年八月にゲリラ掃討の目的のために新設され

た師団でした。そして李承晩は、その師団長に元支那軍参謀だった崔徳新《チェドクシン》を据えたのです。支那軍は、督戦隊[83]によって味方の兵士を平気で殺すメンタリティーを持った軍隊です。支那軍の参謀であれば、お得意の「焼きつくし、奪いつくし、殺しつくす」という三光戦術で、徹底的にゲリラを殲滅できると考えたのでしょう。

しかし崔徳新は、李承晩の期待に応えようとして、やり過ぎてしまいました。彼は部下に命じて、通州事件を彷彿させる残虐なやり方で、女子供に至るまで無辜の民間人を至るところで大量に虐殺しました。支那軍の元参謀ですから情け容赦はありません。兵士も命令遂行を躊躇すれば「敵のスパイ」と見なされ、即銃殺となります。やるしかないのです。

この惨状はすぐに全国に伝わり、一挙に李承晩政権への批判が高まりました。慌てた李承晩は、「この事件は師団長が勝手にやった」ことにして、崔徳新をさっさと左遷しています。

日本軍出身の師団長や兵士たちが自国民を守るために敵軍と必死で戦っているときに、支那軍出身の師団長は、自己の栄達のために自国民を虐殺していたのです。崔徳新本人はもとより、最高責任者である李承晩も、当然その責任を逃れることはできないでしょう。

（注83）督戦隊＝軍隊において、自軍部隊を後方より監視し、自軍兵士が命令に反して勝手に退却あるいは降伏するような行動をとれば、これを攻撃し、強制的に戦闘を続行させる任務を持った部隊。

北朝鮮側による虐殺

南に攻め入った北朝鮮軍も、虐殺の限りを尽くしています。彼らは首都ソウルを占領すると、李承晩政権の公務員や知識人、地域の右翼人士などを次々に引っ張っては、耐え難い拷問を加えた後、家族と共に殺害しました。反動分子の烙印を押された者は、一家もろとも皆殺しにされたのです[84]。逮捕を拒否するとその場で射殺されることもあり、〝人民裁判〟の後、直ちに処刑される場合も多く、ソウル市内で少なくとも二万人以上は殺されたといわれています。

ソウルばかりでなく、他の北朝鮮軍の占領地域でも、同様の虐殺が行われました。忠北清州や全羅北道金堤《キムジェ》では、警察官、大韓青年団員、区長、地主やその家族など、十万人以上を「右翼活動の経歴がある」などの理由で大量に虐殺したとも言われています。なお、北朝鮮軍や左翼による占領地域での虐殺について、『韓国戦乱一年誌』は、被虐殺者を十二万人程度と推定しています[85]。

マッカーサー率いる国連軍の仁川上陸で戦況は逆転。国連軍がソウル間近に迫ると、北朝鮮軍は各地で捕虜の韓国兵、アメリカ兵、一般人を問わず百人、二百人とまとめて処刑。反共的でない人々まで大量に虐殺して撤退しました。さらに国連軍が三十八度線を越えて北進すると、戦前に北朝鮮側で捕えていた右翼分子を片っ端から殺害しながら後退しました。咸興《ハムフン》監獄で七百人、忠霊塔地下室で二百人、徳山ニッケル鉱山で六千人、パンリョンサン防空窟で数千人が虐殺され、咸興市だけでも、退却する北朝鮮人民軍によって、一万二千人あまりが虐殺されています[86]。

（注84）（注85）（注86）『朝鮮戦争の社会史』金東椿（平凡社）

報復が報復を呼ぶ悲劇

朝鮮戦争の間、何度も南北の占領地域が入れ替わりました。ソウルも北朝鮮側に二度、占領されています。北朝鮮側に占領されると、韓国政府や韓国軍に協力した人が人民裁判でどんどん処刑され、韓国側が占領地を奪い返すと、北朝鮮の協力者と見なされた人が次々に殺されました。

李承晩は警察の巡査部長まで、軍人は少尉クラスまで、「左翼暴徒」に対する現場の即決処分権を与えており、事実上ほとんどすべての現場の警察や軍人が、疑わしい民間人を殺す権利を持っていたのです[87]。

軍や警察ばかりでなく、殺された者の遺族が報復のために先頭に立って「敵の協力者」を殺すケースも多く、このような私怨による虐殺は一層、残虐なものでした。高陽衿井窟民間人虐殺事件はその典型的なケースです。

占領地が入れ替わるたびにこのような惨劇が繰り返され、報復が報復を呼び、住民たちは生きた心地のしない、恐怖の日々を過ごしていました。虐殺から逃れるために、当時日本に密航してきた韓国人もかなりいたと言われています。

さらに戦争終結後も、李承晩政府は北の協力者を許しませんでした。政治的なことは分からず、ただ食糧や肥料をもらうために「人民軍協力者」に判子を押した人々も処刑されたのです。農民たちは「ただアカに命じられて判子を押しただけなのに、それで殺されてしまうほど大きな過ちなのか！」と絶叫しました[88]。

（注87）（注88）『朝鮮戦争の社会史』金東椿（平凡社）

全ての「恨み」を日本に向けさせた李承晩

朝鮮戦争の間だけでも、ものすごい数の韓国の民間人が戦闘に巻き込まれたり、捕まって虐殺されており、犠牲者の数は南側だけで百三十万人とされています。当時の韓国の人口の約七%が殺されてしまったわけです。

このため朝鮮戦争直後の朝鮮半島には、同民族に対する「恨み」ばかりが渦巻いていました。しかも朝鮮には「過去を水に流す」という文化はありません。被害者は、必ず加害者を同じ目に遭わせることで報復しなければなりません。しかし、これではいつまでたっても「恨み」は消えず、国民が一つにまとまることは不可能でしょう。

さらに、虐殺には韓国政府がかなり絡んでいますから、いつこの「恨み」が韓国政府に向けられるかも分かりません。そこで李承晩政権は、国民をまとめると共に、その恨みが政府に向かわないよう「朝鮮民族の不幸の原因は全て日本による朝鮮統治にある」として、あらゆる国民の「恨み」を日本に向けさせることにしたのです。

そのためには、親日的言論を弾圧すると共に、国民の胸に日本に対する憎悪を植え付け、反日感情を高めなければなりません。そこで歴史を歪曲し、「日本の蛮行」の数々を創作して、大学から幼稚園に至るまで強烈な反日教育を始めました。一九五四年十月に、李承晩は「韓国の生徒たちへ日本帝国主義の侵略性とその韓国への悪意を教えよ」と命令しています[89]。

李承晩以降の歴代政権も、国民の反日意識を助長し、これを利用した政権運営を続けて来ました。やがて日本統治時代の真実を知った世代が少なくなると、反日教育で刷り込まれた反日感情が自家中毒を起こし、今や日本を擁護する発言をするだけで「親日派＝売国奴」とされ、命まで危なくなる国になったのです。

（注89）『歴史通』平成二十五年九月号「まるで金太郎あめ　韓国歴代大統領『反日・侮日』妄言集」拳骨拓史

親日派の子孫から財産を没収した遡及法

二〇〇四年には、盧武鉉政権の下で「親日反民族行為者財産の国家帰属に関する特別法」なるものが制定され、親日派人士（ほとんどが故人）から、「親日行為」で入手した相続財産を没収することになりました。近代国家ではありえない遡及法で、しかも当人でなくその祖先が

「親日家」だったという理由で財産を没収したのです。日露戦争前から一九四五年に独立するまでに日本に協力したと見なされる人々百六十八人がリストアップされ、軍人では中佐以上が対象でした。結果的に日本円で合計百八十二億円分の財産が没収され、李完用の子孫九名からは五億円近い土地が取り上げられています。

韓国の憲法第十三条には次の規定がありますが、親日派には憲法さえ適用されないのです。

二、すべての国民は、遡及立法により参政権の制限を受け、又は財産権を剥奪されない。

三、すべての国民は、自己の行為ではない親族の行為により、不利益な処遇を受けない。

韓国「親日」財産を没収

植民地支配に協力　調査委、182億円分

【ソウル＝前田泰広】韓国大統領直属機関で、日本の植民地支配に協力した人物から財産を没収する「親日反民族行為者　財産調査委員会」は12日、4年間の調査活動を終えた。調査委の結論では、「親日反民族行為者」は168人。親日行為で民族を裏切り、不当な財産を得たとして、子孫が相続した土地など約1300万平方㍍（2373億ウォン＝182億円）を没収し、国に帰属させるとしている。

調査委は盧武鉉《ノムヒョン》前政権時の2006年7月、「親日行為」の対価として蓄財した個人財産を没収するためだとして、特別法に基づき活動を始めた。

168人は、韓国側代表として1905年、日韓保護条約を調印した李完用《イワンヨン》氏や、日本統治時代に男爵など高位に処遇されたり、独立運動を取り締まったりしたとされる人物ら。

調査委は「現時点で可能な親日清算は完了した」として、特別法で認められた2年間の活動期間延長は行わない。

金昌国《キムチャングク》委員長は「時代を超えて正さなければならない教訓を後世と世界に残した」と、調査委の活動の意義を説明している。

上：親日派の財産没収法を報じる新聞記事（2004年3月3日付産経新聞）

第十五章　真実の記憶を取り戻そう

歴史の捻じ曲げで発生した「恨み」

「日本は朝鮮から何もかも奪った」と教える韓国の歪んだ反日教育は、一方で韓国民を「対日被害妄想症」に陥れました。「ひょっとしたら日本人はこんな酷いことをやったのではないか」と誰かが妄想すれば、「日本人ならやるだろう」となり、やがて妄想が「歴史の真実」となって一人歩きするのです。

このようにしてでき上がった「歴史の真実」なるものを韓国が日本に突き付けて来ると、長年の自虐教育で「加害妄想症」に罹《かか》った日本人は、何ら検証もせず無条件で認めて、お気楽に「謝罪」します。これで韓国の妄想が「裏書き」されて、世界へ発信されることになるのです。慰安婦問題も徴用工問題もこのような経過を辿って極大化し、韓国人の日本への「恨み」が増幅して来ました。

朝鮮半島には「過去を水に流す」という文化がなく、被害者は必ず加害者を同じ目に遭わせなければならないことは前に述べた通りです。従って、本来であれば一度日本を植民地にして、日本人を虐待しなければ、彼らの「恨み」は晴れないことになります。

事実、拓殖大学教授の武貞秀士氏も、韓国人の日韓問題研究者に「日本はどうしたら許されるのか」と質問したところ、「韓国が三十五年間日本を植民地統治して初めて、我々の気持ちは収まる」との答えが返ってきて暗澹たる気持ちになったと述べています。

しかし現実ではそれは不可能です。その代わりに韓国の人々は、世界中に慰安婦の像や碑を建てて、「千年先」まで日本を貶めることで、復讐をしようと考えているのではないでしょうか。そして、恨みを世襲するために、教科書の反日記述を増やし、独立記念館や慰安婦博物館などで「日本の蛮行」を子供たちに教え込んでいるのでしょう。

しかし、それらは韓国人の品位を自ら貶めると共に、名誉を傷つけられた日本人の嫌韓感情を高めるだけで、何の解決にもなりません。お互いが不幸になるだけであり、日韓の間に和解の日など永遠に来なくなります。

では、どうすればいいのでしょう。ここまでこじれにこじれてしまった日韓関係ですが、しかし決してまだ諦める必要はありません。方法はあります。両民族の本当の記憶を取り戻すのです。

日韓併合は両国のぎりぎりマイナスの選択だった

二十世紀初頭、朝鮮を近代化するためには、年間三千万円の国家予算が必要でした。ところが日本の保護国下にあった韓国が一九〇六年に初めて作成した国家予算は、収入が七百四十八万円しかありません。当時の朝鮮には、自ら近代化を達成するだけの人、物、金、情報、技術、インフラの全てが決定的に欠けていました。白人の植民地にされることなく、その近代化を達成する道は日本との「併合」以外になかったのです。今で言うなら、アメリカの「五十一番目の州」になることと同じです。

一方、日本が本来朝鮮に望んだことは、清国から独立して自ら近代化を達成し、日本と力を合わせて白人国家の脅威に対抗してくれることでした。しかし、朝鮮王室は自己保身に走るばかりで近代化は全く進みません。日本は止むを得ず、一国で日清戦争や日露戦争を戦いぬきました。日露戦争後もロシアは太平洋進出の野望を捨てておらず、依然として日本にとって最大の脅威でした。もし朝鮮が近代化しないままロシアの植民地になれば、次に狙われるのは日本です。ならば朝鮮を保護国として近代化を遂げるまで日本が支援し、それでもだめなら、どれだけ費用がかかろうとも朝鮮を併合して、朝鮮半島を直接守る以外に、日本の安全を確保する手立ては残されていませんでした。

日本は朝鮮半島を抱え込んだために、膨大な負担を強いられることになりました。日本政府の援助は、一九三九年時点でも朝鮮総督府予算の四分の一を占めており、保護国時代から独立するまでの三十五年間で、日本が支援した金額の合計は、額面で約二十一億円になります。一円を平均三万円で現在の価値に換算すれば六十三兆円となり、これは日割りにすれば一日あたり四十五億円です[90]。

東北地方などで女の子を身売りに出すほどの経済苦に耐えながら、日本は朝鮮を支え続けました。「植民地からの収奪」どころか、日本側の大幅な持ち出しとなったのです。

「日韓併合」は「日本による朝鮮半島侵略」ではなく、弱肉強食の時代に日韓両民族がその生存をかけて選んだ「止むを得ない、ぎりぎりマイナスの選択」でした。

日本人と韓国人が戦後植え付けられた間違った歴史観から目覚めるには、何よりその事実をしっかりと思い出す必要があるでしょう。

（注90）『歴史を偽造する韓国』中川八洋（徳間書店）

「親日派」が成し遂げた朝鮮の近代化

では、併合後に朝鮮はどうなったでしょうか。第一次大戦で世界経済が疲弊し、一九二九年に発生した大恐慌によって主要国のほとんどがマイナス成長に苦しんでいる中で、日本統治下にあった朝鮮半島だけは、年平均三・七%という高度経済成長を達成しています（次頁資料参照）。工業生産の伸び率は一九一三年から一九三八年までの二十五年間で五五〇%に達しており、日本本土を凌いで世界一を記録しています。こうして朝鮮半島は日本統治時代のわずか三十五年間に、古代国家のレベルから出発して世界の先進地域の仲間入りを果たしました。

では、これは誰がやったことなのでしょうか。当時、朝鮮半島における日本人の人口比率は三%弱に過ぎず、近代化を達成した主役は、あくまで朝鮮人自身でした。

そしてその中心を担ったのが、進んで日本と協力した「親日派」の人々でした。彼らは日本から近代的法制度や経済システムを取り入れ、技術や資金を導入して、世界史に類を見ない驚異的な速度で朝鮮を近代社会に作り変えたのです。「親日派」は「売国奴」どころか、「朝鮮民族中興の英雄」であり、その功績は永く子孫に語りつがれるべきでしょう。

日本統治前のソウル（漢城）

日本統治下のソウル（京城）

日本統治前の南大門

日本統治下の南大門

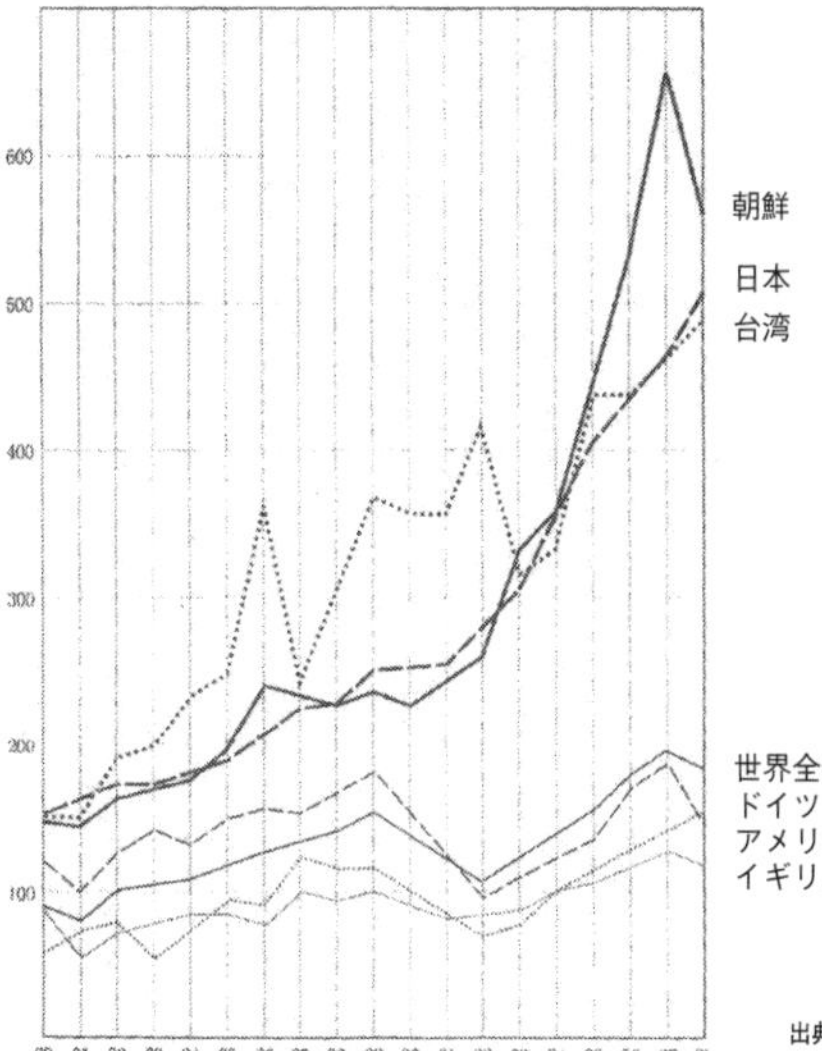

左：世界各国・工業生産の伸長率
（1913年を100とした場合）

出典：『工業化の世界史』F．ヒルガート、山口和男訳
（ミネルヴァ書房）

父祖に感謝を捧げることこそ和解への道

最後に、韓国の人々にぜひ訴えたいことを書いておきます。歴史の中で、日本と朝鮮の間に文化的確執があったことは事実です。一七六三年に朝鮮通信使として日本を訪れた金仁謙《キムインギョム》は、その著『日東壮遊歌』の中で、日本人のことを「海の向こうから渡ってきた穢《けが》れた愚かな血を持つ獣のような人間」と表現し、「この犬畜生にも等しい輩《やから》をことごとく掃討し四百里六十州(日本国)を朝鮮の国土とし、朝鮮王の徳をもって礼節の国にしたい」と述べています。このように、朝鮮の人々が日本人を「東夷《とうい》(東方の野蛮人)」として差別した時代が一千年以上続きました。

一方、日韓併合三十五年の間に、文化の違いから、朝鮮の人々から見れば「差別」と思われることを日本人がやってしまったのも事実でしょう。それについては率直に申し訳ないと思います。その上で元早稲田大学教授・筑波常治氏の次の証言にも耳を傾けて頂きたいのです[91]。

「昭和十七年頃家に泥棒が入った。しばらくして犯人は検挙されたが、それは二人組の朝鮮人だった。ところがそのことを大声でしゃべるのは憚《はばか》られたのである。学校の教師は『半島の人を悪く言ってはいけない』と注意した。彼らもすべて天皇陛下の赤子であるから、同じ同胞として扱わなければならないという建前があった」

当時は朝鮮人も日本国民であり、日本人は朝鮮の人々にできる限りの配慮していました。日韓併合時代は、両民族が文化の壁を乗り越えて共に力を合わせ、世界の荒波を乗り越えた時代だったのです。大東亜戦争では一丸となって戦い、結果的に白人の植民地を一掃して、世界史に多大な貢献をしました。ぜひ、その誇るべき「民族の記憶」を私たちは取り戻しましょう。

日韓両民族が、今日の繁栄の礎を築いてくれたそれぞれの祖先を誇りに思い、心から感謝を捧げるようになった時、アメリカによる日韓離反政策（デバイド・アンド・ルール）は根底から破綻し、日韓の間に本当の和解が訪れるに違いありません。両国がアジアの二大先進国として「日の丸」と「太極旗」を東亜の空に並び立て、一致協力して二十一世紀の世界をリードして行くことも、夢ではなくなるでしょう。

（注91）『文藝春秋』一九七三年八月号「洪陸軍中将の刑死」筑波常治

おわりに

李朝末期の朝鮮には、欧米列強の脅威が東亜に迫る中で、日本を信じ、日本に望みをかけた多くの「親日派」がいました。彼らが命がけで日本に協力してくれたからこそ、日露戦争に辛うじて勝利することができました。

しかし、日露戦争後もロシアの脅威は変わらず、朝鮮と一体化することでようやく日本の安全は確保されました。この時「日韓併合」を推進した「親日派」の存在と決断がなければ、日本の独立すら危なかったのです。

大東亜戦争では、大勢の朝鮮人の若者が日本の勝利のために戦ってくれました。硫黄島では軍属までが爆雷を抱いて戦車に突入し、何十人も戦死しています。自ら志願し、特攻隊員として若い命を散らした青年も数多くいました。

また、朝鮮戦争時、元日本兵の勇戦がなければ、朝鮮半島全体が赤化して対馬海峡が「三十八度線」となり、日本に今日のような平和と繁栄は訪れなかったでしょう。

それらのことに思いを致せば、日本人の心に、かつての朝鮮の人々に対する感謝の気持ちが沸々と湧きおこるはずです。

そうなのです。私たち日本人がやるべきことは、「謝罪」ではなく「感謝」だったのです。「謝罪」と違い、「感謝」は、お互いを対等な関係で高め合うことになります。日本人が率直に韓国の先人に対して感謝の念を表すことで、両民族の誇りを保ちつつ、相互理解への道を開くことができるのではないでしょうか。

ならば、こぞって靖国神社に詣で、朝鮮人英霊二万二千余柱に深い感謝を捧げることから始めてはどうでしょう。

「日本の同胞よ、やっと我々のことを思い出してくれたか……」

彼らのその声がきっと私たちの胸に響いて来るに違いありません。

松木　國俊

参考・引用文献

◆書籍

『日韓２０００年の真実』名越二荒之助編著（国際企画）
『親日派』林鐘国（御茶の水書房）
『わかりやすい韓国の歴史』国定韓国小学校社会科教科書　石渡延男監訳（明石書店）
『入門韓国の歴史』国定韓国中学校国史教科書　石渡延男監訳（明石書店）
『「植民地朝鮮」の研究』杉本幹夫（展転社）
『日本帝国の申し子』カーター・Ｊ・エッカート（草思社）
『戦争を仕掛けた中国になぜ謝らなければならないのだ！』茂木弘道（自由社）
『生活者の日本統治時代』呉善花（三交社）
『木槿の国の学校』上野瓏子（梓書院）
『支那事変に現れたる朝鮮同胞の赤誠』（朝鮮教化團體聯合会）
『日本の植民地の真実』黄文雄（扶桑社）

『ルーズベルトは米国民を裏切り日本を戦争に引きずり込んだ』青柳武彦（ハート出版）
『アメリカが隠しておきたい日本の歴史』マックス・フォン・シュラー（ハート出版）
『パール博士の日本無罪論』田中正明（慧文社）
『日米戦争を起こしたのは誰か』藤井厳喜／稲村公望／茂木弘道（勉誠出版）
『大東亜戦争への道』中村粲（展転社）
『大東亜戦争の真実　東條英機宣誓供述書』東條由布子編（ＷＡＣ）
『世界が語る大東亜戦争と東京裁判』吉本貞昭（ハート出版）
『日本が世界の植民地を解放した』諸橋茂一（高木書房）
『連合国戦勝史観の徹底批判！』ヘンリー・ストークス／藤井厳喜（自由社）
『朝鮮人徴用工の手記』鄭忠海（河合出版）
『朝鮮人強制連行の記録』朴慶植（未来社）
『証言　朝鮮人強制連行』金賛汀（新人物往来社）
『韓国独立運動の研究』佐々木春隆（国書刊行会）
『日本統治時代を肯定的に理解する』朴贊雄（草思社）
『朝鮮戦争の社会史』金東椿（平凡社）
『世界から見た大東亜戦争』名越二荒之助編（展転社）

『戦争犯罪国はアメリカだった！』ヘンリー・S・ストークス（ハート出版）
『日本の植民地の真実』黄文雄（扶桑社）
『日本人を精神的武装解除するためにアメリカがねじ曲げた日本の歴史』青柳武彦（ハート出版）
『ビルマ戦線楯師団の「慰安婦」だった私』語り文玉珠（梨の木舎）
『「日本の朝鮮統治」を検証する』ジョージ・アキタ／ブランドン・パーマー（草思社）
『検証旧日本軍の「悪行」』田辺敏雄（自由社）
『通州事件』藤岡信勝／三浦小太郎編著（勉誠出版）
『敗走千里』陳登元（ハート出版）
『日東壮遊歌』金仁謙（平凡社）
『朝鮮紀行』イザベラ・バード（講談社学術文庫）
『日韓併合の真実』崔基鎬（ビジネス社）
『若き将軍の朝鮮戦争』白善燁（草思社）
『朝鮮戦争Ⅰ』児島襄（文春文庫）
『朝鮮戦争　韓国篇』佐々木春隆（原書房）
『特攻に散った朝鮮人』桐原久（講談社）
『開聞岳』飯尾憲士（集英社）

『朝鮮人ＢＣ級戦犯の記録』内海愛子（岩波書店）
『歴史を偽造する韓国』中川八洋（徳間書店）
『親日派の為の弁明』金完燮（草思社）
『親日派の為の弁明２』金完燮（扶桑社）
『ある朝鮮総督府警察官僚の回想』坪井幸生（草思社）
『ＴＨＥ　ＮＥＷ　ＫＯＲＥＡ』アレン・アイルランド（桜の花出版）

◆記事および論文など

『丸』一九九五年一一月号「最後の日本刀」高橋文雄
『丸』一九九五年一二月号「最後の日本刀」高橋文雄
『正論』平成二十年二月号「あの戦争を『日本兵』として戦った朝鮮人の追憶」三浦小太郎
『ＳＡＰＩＯ』二〇〇九年九月九日号
「民族の反逆者か祖国の英雄か　２つの歴史が引き裂く朝鮮人将校の特攻精神」裵淵弘
『歴史通』平成二十五年九月号
「まるで金太郎あめ　韓国歴代大統領『反日・侮日』妄言集」拳骨拓史

『文藝春秋』一九七三年八月号「洪陸軍中将の刑死」筑波常治
『明日への選択』二〇〇一年四月号「朝鮮の民衆を救った日本統治」今岡祐一
『月刊Ｈａｎａｄａ』二〇一七年一〇月号「韓国の大作映画『軍艦島』徴用工の嘘」西岡力
「朝鮮戦争期の民間人虐殺事件に対する刑事的対応
――山清、咸陽、居昌の民間人虐殺事件を中心に」李昌稿
『伝統と革新』平成二十五年七月号
「大東亜戦争と朝鮮人、我等斯く戦へり、彼らは」前篇　村田春樹
『伝統と革新』平成二十五年十月号
「大東亜戦争と朝鮮人、我等斯く戦へり、彼らは」後篇　村田春樹
ブログ『大和心を語るねずさんのひとりごと』「韓国建国の英雄」小名木善行

◆著者◆
松木　國俊（まつき　くにとし）

1950年熊本県八代市生まれ
1973年慶應義塾大学法学部政治学科卒業
同年豊田通商株式会社入社。1980年～1984年豊田通商ソウル事務所駐在。
秘書室次長、機械部次長を経て2000年豊田通商退社。
2004年松木商事株式会社設立、代表取締役。現在、朝鮮近現代史研究所所長。
日本会議調布支部副支部長、新しい歴史教科書をつくる会三多摩支部副支部長。

著書に『「従軍慰安婦」強制連行はなかった』（明成社）『ほんとうは、「日韓併合」が韓国を救った！』（ワック）『こうして捏造された韓国「千年の恨み」』（ワック）『韓国よ、「敵」を誤るな』（ワック）、監修に『今こそ韓国に謝ろう』百田尚樹著（飛鳥新社）がある。

日本が忘れ 韓国が隠したがる**本当は素晴らしかった韓国の歴史**

平成 29 年 11 月 15 日　第 1 刷発行

著　者　松木　國俊
発行者　日高　裕明
発　行　株式会社ハート出版

〒171-0014 東京都豊島区池袋 3-9-23
TEL.03(3590)6077　FAX.03(3590)6078
ハート出版ホームページ　http://www.810.co.jp

定価はカバーに表示してあります。

ISBN978-4-8024-0045-9　C0021
乱丁・落丁本はお取り替えいたします。ただし古書店で購入したものはお取り替えできません。

印刷・中央精版印刷株式会社

竹林はるか遠く
続・竹林はるか遠く

ヨーコ・カワシマ・ワトキンズ 著＆監訳　都竹恵子 訳

ISBN978-4-89295-921-9、978-4-89295-996-7　本体各 1500 円

大東亜戦争は日本が勝った

英国人ジャーナリスト ヘンリー・ストークスが語る「世界の中の日本」

ヘンリー・S・ストークス 著　藤田裕行 訳・構成

ISBN978-4-8024-0029-9　本体 1600 円

なぜ大東亜戦争は起きたのか？空の神兵と呼ばれた男たち

インドネシア・パレンバン落下傘部隊の記録

髙山正之　奥本 實 共著

ISBN978-4-8024-0030-5　本体 1800 円

日本人を精神的武装解除するためにアメリカがねじ曲げた日本の歴史

歪められた言論空間を打ち砕く国際派学者による歴史認識の神髄

青柳武彦 著

ISBN978-4-8024-0038-1　本体 1600 円

敗走千里

戦後GHQによって隠蔽された日中戦争の真実！

陳 登元 著　別院一郎 訳

ISBN978-4-8024-0039-8　本体 1800 円

韓国の米軍慰安婦はなぜ生まれたのか

「中立派」文化人類学者による告発と弁明

崔 吉城 著

ISBN978-4-89295-990-5　本体 1500 円